刊行にあたって

　近年、いつ、国内のいずれの地域においても、甚大な被害をもたらしうる自然災害が発生する脅威が高まっています。

　また、近年の自然災害では、被災者の避難生活が長期化する傾向にあります。

　自然災害が発生すると、災害対策基本法又は災害救助法に基づき、被災地域の市区町村と都道府県が被災者の救助にあたります。この救助のひとつに、食品と飲料水の給与が含まれています。

　これまでの災害時における避難所等での食品の給与について、一定期間経過後も菓子パンやおにぎり等の主食中心の食事や単一メニューの弁当提供等で野菜摂取量の不足が生じ、便秘や口内炎の症状が現れるケースが見られています。

　なお、東日本大震災後の平成25年8月に内閣府防災担当より「避難所における良好な生活環境の確保に向けた取組指針」が示され、一定期間経過後の食事の質の確保として、管理栄養士の活用等により長期化に対応したメニューの多様化、適温食の提供、栄養バランスの確保、要配慮者（咀嚼機能低下者、疾病上の食事制限者、食物アレルギー患者等）に対する配慮等、質の確保についても配慮することと記されました。

　また、避難者の食品と飲料水の給与について、栄養バランスの確保や要配慮者に対する対応等、被災地の現場で主となって実践するのが市区町村や保健所、都道府県といった行政管理栄養士です。日本公衆衛生協会が実施しております「地域保健総合推進事業」において、平成18年度から平成23年度までの6年間、災害時の栄養・食生活支援をテーマに行政管理栄養士が中心メンバーとなり研究事業を実施してきました。そして最初に報告されたのが「健康危機管理時の栄養・食生活支援メイキングガイドライン」（平成22年3月）です。その後、東日本大震災において、厚生労働省からの「被災地への行政機関に従事する公衆衛生医師等の派遣について」（平成23年3月20日事務連絡）に対応する地域保健従事職種として国内ではじめて管理栄養士が記載され、42自治体194名の管理栄養士が派遣されました。さらに平成30年に発生した西日本豪雨では、災害時健康危機管理支援チーム(DHEAT)の一員としても行政管理栄養士が派遣されました。また、行政管理栄養士以外の専門職の支援として、日本栄養士会によるJDA-DATチームの支援も行われ、被災者の食品及び飲料水の給与を支援する体制は変化しています。

　そこで、平成30年度から令和2年度の地域保健総合推進事業で、これまでの研究事業で公表してきた災害時の栄養・食生活支援に関するガイドラインの改定を行いました。さらに、ガイドラインで示した支援活動を発災時に、応援にきた管理栄養士等とすぐ行動できるように、アクションカード（例）を作成しました。本書が全国の自治体で活用され、被災者の栄養・食生活支援活動に寄与することを期待します。

令和2年8月

日本公衆衛生協会
理事長　松谷　有希雄

も　く　じ

は　じ　め　に

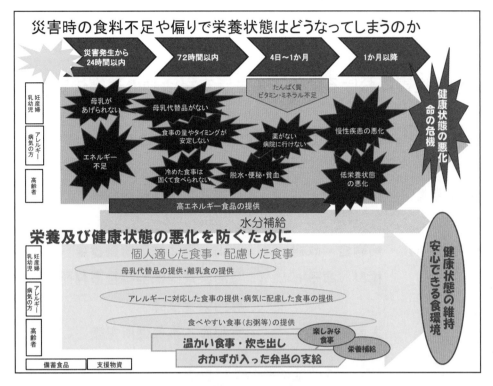

　日本全国で、予測のつかない自然災害が起きており、国民に不安と衝撃を与えています。平成２３年に発生した東日本大震災を機に、地域保健従事者チームの一員として、行政管理栄養士が派遣されました。さらに、平成３０年に発生した西日本豪雨では、災害時健康危機管理支援チーム（DHEAT）の一員としても行政管理栄養士が派遣されました。また、行政管理栄養士だけでなく、日本栄養士会及び都道府県栄養士会の関係団体からの派遣（JDA-DAT）も実施され、被災者の栄養・食生活を支援する体制は変化してきています。このような状況の中、これまでに発行された栄養・食生活支援に係るガイドラインについて、地方自治体の栄養・食生活支援に係る準備状況調査を実施し、現状と課題を整理しました。また、保健従事者チームやDHEATチーム、JDA-DATチーム等、さまざまな形で被災地へ支援する体制へと変化し、被災地での受援や連携が重要となっており、それらの視点も含め、ガイドラインを改訂しました。

　さらに、これまでのガイドラインは、行政管理栄養士を主に対象として作成しましたが、食料の備蓄や協定、炊き出しや弁当の提供等、平常時からの準備体制が、発災時の栄養・食生活支援に大きく影響することから、防災担当課や食事調達担当課等との連携のもと、進めていくことが必要なため、自治体職員を主に対象としたガイドラインの作成に努めました。

　また、災害時に応援行政管理栄養士や関係機関等と連携してすぐ活動するための行動指針をアクションカード（例）として追加しました。

　本ガイドライン及びアクションカード（例）が、地域防災計画や他計画等の栄養・食生活支援体制の整備及び充実、災害時の迅速な支援に活用いただければ幸いです。

　最後になりましたが、本研究の調査に御協力いただきました都道府県、市町村、特別区の担当者の方々に対し心から感謝を申し上げます。

　令和２年８月

編著者　久保　彰子

平成３０年度・令和元年度　地域保健総合推進事業

「大規模災害における栄養・食生活支援活動の連携体制と

人材育成に関する研究」

| 分担事業者 | 久保　彰子 | 熊本県水俣保健所参事 |

研 究 委 員	焔硝岩　政樹	岡山県備北保健所副参事
	積口　順子	福島県県南保健福祉事務所 専門栄養技師
	大原　直子	京都府乙訓保健所主査

助 言 者	澁谷　いづみ	愛知県一宮保健所長
	奥田　博子	国立保健医療科学院上席主任研究官
	下浦　佳之*	公益社団法人日本栄養士会常務理事

協 力 者	笠岡（坪山）宜代	国立健康・栄養研究所 国際災害栄養研究室長
	須藤　紀子	お茶の水女子大学生活科学部 公衆栄養学研究室（国際栄養学分野） 准教授
	清野　富久江	厚生労働省健康局保健課栄養指導室長
	塩澤　信良*	厚生労働省健康局保健課栄養指導室 栄養指導室長補佐
	齋藤　陽子	厚生労働省健康局健康課栄養指導室 栄養指導室長補佐

*平成 30 年度研究班メンバー

Ⅰ　大規模災害時の栄養・食生活支援体制について

1　災害時の健康危機管理対応

（1）災害対策の法的枠組み

　　我が国の災害対策法制は、災害の予防、発災後の応急期の対応及び災害からの復旧・復興の各ステージを網羅的にカバーする「災害対策基本法」を中心に、各ステージにおいて、災害類型に応じて各々の各個別法によって対応する仕組みとなっている。

出典：内閣府・災害対策法制のあり方に関する研究会

図1　主な災害対策関係法制の類型別整理

（2）災害救助法の概要

　災害対策基本法上、災害発生時又はそのおそれがある場合は、災害応急対策の実施責任は市町村である（災害対策基本法第5条）。都道府県は、市町村の実施する応急措置が的確かつ円滑に行われるための調整（災害対策基本法第4条）や市町村長からの応急措置実施の応援要求又は実施要請を受けなければならない（災害対策基本法第68条）。

　災害救助法は、発災後の応急期における応急急所に対応する主要な法律であり、適応となった場合、救助の実施主体は市町村ではなく都道府県となる（災害救助法第2条）。なお、救助の実施に関する事務の一部を市町村長へ委任することができる（災害救助法第13条1項）。救助の内容に、炊き出しその他による食品の給与が含まれており、市町村による救助の後方支援や総合調整（災害対策基本法第4条）から、市町村の協力を得ながら実施主体としての救助が求められることとなる。

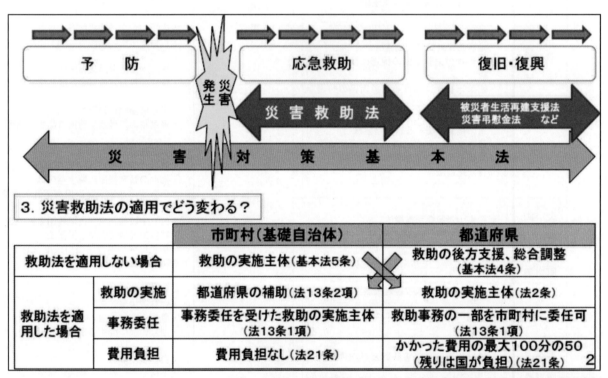

出典：内閣府・防災情報「平成30年度災害救助法等担当者全国会議資料」

図2　災害救助法の位置づけ

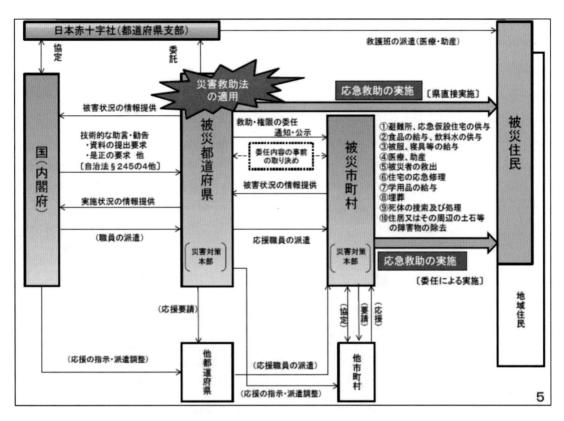

出典：内閣府・防災情報「平成30年度災害救助法等担当者全国会議資料」

図3　災害救助法の実施概念図

（3）炊き出しその他による食品の給与

	一　般　基　準	備　　考
対　象　者	避難所に避難している者、住家に被害を受け、又は災害により現に炊事のできない者	
費用の限度額	1人1日当たり 1,140円以内	1人平均かつ3食でという意味である
救　助　期　間	災害発生の日から7日以内	
対　象　経　費	主食費、副食費、燃料費、炊飯器・鍋等の使用謝金又は借上げ費、消耗器材費、雑費	

※　下線部は特別基準の設定が可能なもの。

主　な　留　意　事　項

○　炊き出し等の給与については、避難所に避難しているからとか、炊事ができない状況にあるからというのみで単に機械的に提供するのではなく、近隣の流通機構等も勘案しながら実施すること。

○　握り飯、調理済み食品、パン、弁当等を購入して支給する場合の購入費は、炊き出しの費用として差し支えない。

○　避難所等での炊き出しが長期化する場合は、できる限りメニューの多様化、適温食の提供、栄養バランスの確保等、質の確保について配慮するともに、状況に応じて管理栄養士等の専門職の活用も検討すること。

○　避難所における避難者以外の職員やボランティア等の食事については、対象とならないこと。

出典：内閣府・防災情報「平成30年度災害救助法等担当者全国会議資料」

＊特別基準：一般基準では救助の適切な実施が困難な場合には、都道府県知事は内閣総理大臣に協議し、その同意を得た上で、特別基準を定めることができる。

図4　災害救助法の救助項目の概要（炊き出しその他による食品の給与）

TOPIC

東日本大震災での特別基準の適応事例

　平成 23 年 3 月の発災から約 1 か月後の 4 月に、関西広域連合から「食費の特別適用等に係る緊急提案」が厚生労働省に出され、5 月に特別基準が適応された。炊き出しその他による食品の給与について当時の一般基準 1,010 円/1 人 1 日が 1,500 円/1 人/1 日と給与期間の延長（5/6 より当面の間）が適用された。

平成23年5月2日
関西広域連合広域防災局（兵庫県健康増進課）

平成 23 年 4 月 28 日
兵　　庫　　県

避難所の食事内容の改善に関する緊急提案

　1　現状

　　宮城県が 4 月上旬に実施した、宮城県内の避難所住民の栄養状況調査によれば、総じて避難所住民は栄養量が不十分な状態にある。

　　具体的には、「避難所における食事提供の計画・評価のために当面の目標とする栄養の参照量について（平成 23 年 4 月 23 日付　厚生労働省生活習慣病対策室事務連絡）」と比べ、避難所の 9 割がエネルギー不足、8 割がタンパク質不足、9〜10 割がビタミン類の欠乏、となっている。

　　また、500 人以上の避難所の約半数が、1 日 2 食の食事提供にとどまり、大規模避難所ほど低栄養の傾向があるなど、避難所によって提供される食事内容に格差があることが明らかになった。

　2　改善案

　　全ての避難者に栄養的な配慮がなされた温かい食事を盛り込んだ「1 日 3 食」の食事提供の必要がある。そのためには、災害救助法による食費の一般基準の嵩上により、栄養バランスのとれた食事の提供を行う必要がある。

　　なお、阪神淡路大震災の際には、災害救助法による食費の一般基準の嵩上（一人一日 850 円→1,200 円）と期間延長（7 日→7 か月）が、兵庫県の国への強い要望により実現した。

　　併せて、兵庫県が被災市町に対し、救援物資の効果的な配布や避難所への簡易調理設備の設置による調理環境改善、ボランティアによる避難所の炊き出し実施場所の調整や献立の助言等を行い、提供される食事内容の改善を行った。

　3　提案

　　上記のとおり避難所生活の長期化による健康上の影響が心配されることから、以下の項目を緊急提案する。

　① 国に対して
　・災害救助法による食事給与単価の特別基準適用を図るとともに、その内容を被災県及び被災市町村に周知すること。
　・食品や飲料水の提供期間を、2 か月から避難所解消までに延長すること。
　② 被災県に対して
　・早急に、国に対し、災害救助法による食事給与単価（1,010 円）の特別基準の適用（阪神・淡路大震災：5 割増し）について協議すること。
　③ 被災市町村に対して
　・全ての避難者へ、タンパク質供給食品、野菜類を取り入れた温かい食事を盛り込んだ「1 日 3 食」が提供されるための体制を整備すること。
　・避難所に簡易調理設備を設置すること。
　・ボランティア等が行う炊き出しを支援すること。

（問合先）兵庫県健康福祉部健康局健康増進課　TEL078-362-9128

2 管理栄養士及び栄養士の派遣体制

　　大規模災害発生時の被災地への全国の自治体からの地域保健従事者の派遣については、「被災地への保健師の派遣のあり方に関する検討会」報告書（平成24年度地域保健総合推進事業）において、図1のとおり整理されている。

　　厚生労働省健康局からの「被災地への行政機関に従事する公衆衛生医師等の派遣について（依頼）」（H23.3.20事務連絡）に対応する地域保健従事職種として、初めて管理栄養士が記載され、保健師らと共にチームで派遣されることとなった。

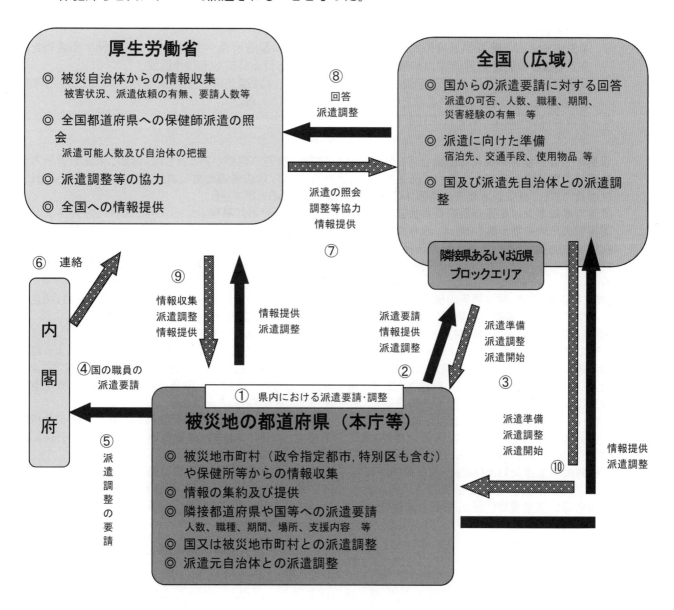

図5　派遣要請から派遣開始までの手続きの流れ（大規模災害の場合）

① 被災した市町村を管轄する都道府県の本庁（担当部署）は、県内で応援体制を組むことを考え、可能であれば県内市町村へ応援要請をする。（地方自治法第252条の17*1）
② 県内応援のみで対応が困難である場合は、隣接県あるいは近県ブロックエリア等（災害時相互応援協定締結県を含む）への派遣要請をする。（災害時相互応援協定事項、地方自治法第252条の17）その際には、連絡可能な手段（FAX やメール等）にて厚生労働省及び内閣府の双方へ同じ内容の要請の連絡を入れる。
③ ②の回答、派遣準備及び派遣調整を行い、派遣を開始する。

④ 被災状況により必要であれば、被災地から国（厚生労働省）の職員の派遣要請を行う。（災害対策基本法第 29 条*²、厚生労働省防災業務計画第 2 編第 3 章第 4 節 2*³）

⑤ 災害の規模や質により、全国規模の派遣要請が必要であると判断した場合、被災地都道府県は内閣総理大臣宛（内閣府）に地方自治体の職員派遣のあっせん要請を出す。（災害対策基本法第 30 条第 2 項*⁴）その際には、連絡可能な手段（FAX やメール等）にて厚生労働省及び内閣府の双方へ同じ内容の要請の連絡を入れる。

⑥ 内閣府経由で厚生労働省に連絡される。

⑦ 厚生労働省は被災地都道府県からの派遣要請数を確認し、全国の自治体（保健師統括部署及び健康危機管理担当部署）に対して派遣可否の照会を行うなどの派遣調整を行う。（防災基本計画第 2 編第 2 章第 7 節の 1*⁵、厚生労働省防災業務計画第 2 編第 3 章第 4 節の 3*⁶）

⑧ 全国の自治体から、派遣の可否に関する情報が厚生労働省に集約される。

⑨ 厚生労働省は、被災都道府県と情報交換しながら、被災都道府県へ派遣元自治体に関する情報を提供するなどの派遣調整の協力や被災地の健康管理における必要な支援を行う。

⑩ 派遣元自治体は派遣先が決定後、被災都道府県もしくは派遣先の被災地保健所又は被災地市町村と連携をとりながら、業務内容などの調整を行って支援に入る。

※ 法令等は、平成 25 年 3 月現在とする。

*¹ 普通地方公共団体の長又は委員会若しくは委員は、法律に特別の定めがある者を除くほか、当該普通地方公共団体の事務の処理のため特別の必要があると認めるときは、他の普通地方公共団体の長又は委員会若しくは委員に対し、当該普通地方公共団体の職員の派遣を求めることができる。

*² 都道府県知事又は都道府県の委員会若しくは委員（以下「都道府県知事等」という。）は、災害応急対策又は災害復旧のため必要があるときは、政令で定めるところにより、指定行政機関の長、指定地方行政機関の長又は指定公共機関（独立行政法人通則法第 2 条第 2 項に規定する特定独立行政法人に限る。以下この節において同じ。）に対し、当該指定行政機関指定地方行政機関又は指定公共機関の職員の派遣を要請することができる。

*³ 被災都道府県は、被災者等の健康管理に際し、管下の保健師等のみによる対応が困難であると認めるときは、必要に応じ、厚生労働省健康局に公衆衛生医師および保健師等の派遣を要請する。（国の職員）

*⁴ 都道府県知事等又は市町村長等は、災害応急対策又は災害復旧のため必要があるときは、政令で定めるところにより、内閣総理大臣又は都道府県知事に対し、それぞれ、地方自治法第 252 条の 17 の規定による職員の派遣について、又は同条の規定による職員の派遣若しくは地方独立行政法人法第 91 条第 1 項の規定による職員（指定地方公共機関である同法第 2 条第 2 項に規定する特定地方独立行政法人（次条において「特定地方公共機関」という。）の職員に限る。）の派遣についてあっせんを求めることができる。

*⁵ （前略）厚生労働省は、必要に応じ、又は被災地地方公共団体の要請に基づき、保健師等の派遣計画の作成など保健活動の調整を行うものとする。（中略）厚生労働省は、必要に応じまたは被災地方公共団体の要請に基づき、他の地方公共団体からの協力確保等必要な調整を行うものとする。

*⁶ 厚生労働省健康局および社会・援護局障害保健福祉部は、被災都道府県からの公衆衛生医師および保健師等の派遣要請数を確認し、被災都道府県以外の都道府県との調整を行うほか、被災都道府県・市町村の行う被災者等の健康管理に関し、必要な支援を行う。

以上、厚生労働省健康局がん対策・健康増進課　資料

TOPIC

東日本大震災に厚生労働省から発出された関係通知

事　務　連　絡
平成２３年３月２０日

各 ｛ 都道府県
保健所設置市
特別区 ｝　　地域保健主管部（局）　御中

（除く、岩手県、宮城県、福島県、
　　　仙台市、盛岡市、郡山市、いわき市）

厚生労働省健康局総務課地域保健室

保健指導室

被災地への行政機関に従事する公衆衛生医師等の派遣について（依頼）

　今般の東北地方太平洋沖地震については、必要な公衆衛生対策の支援に種々ご協力を賜り、厚く御礼を申し上げます。また、保健師の派遣について御協力頂きありがとうございます。（平成 23 年 3 月 12 日付け事務連絡「東北地方太平洋沖地震にかかる保健師等の派遣の有無について（照会）」及び平成 23 年 3 月 17 日付事務連絡「東北地方太平洋沖地震にかかる派遣保健師等の増員について（照会）」）

　現在、被災地では避難所が数多く設置され、避難所における避難住民の方々の健康管理等に最大限の努力を行っていただいているところですが、今般、大規模な被害が生じた福島県から災害対策本部長名で県外自治体からの保健師以外の職種も含めた保健医療の有資格者の派遣要請等がありました。また、岩手県及び宮城県においても同様に大規模な被害が生じているところです。

　これらの状況を踏まえ、今般、大規模な被災地の３県以外の地方自治体の行政機関に従事する公衆衛生医師等の派遣のあっせんを行うこととし、派遣可能な職種（公衆衛生医師、歯科医師、獣医師、薬剤師、歯科衛生士、管理栄養士など）とその人数等について、調査させていただきたく存じます。

3　DHEAT（災害時健康危機管理支援チーム）の派遣体制

（1）　DHEAT とは

　災害時健康危機管理支援チーム(Disaster Health Emergency Assistance Team 以下「DHEAT」)は、都道府県、保健所設置市及び特別区の職員等によって組織される専門的な研修・訓練を受けた災害時健康危機管理支援チームであり、震災、津波等重大な健康危機管理組織の長による指揮調整機能を補佐するものである。

（2）DHEAT の構成

　登録された職員の中から、1 班あたり 5 名程度で構成する。

　a.公衆衛生医師

　b.保健師

　c.業務調整員（ロジスティクス）

　d.薬剤師、獣医師、管理栄養士、精神保健福祉士や臨床心理技術者等を含めて適宜構成

　地域の実情に応じて、職員以外の関連機関（大学、研究機関並びに大学付属病院、独立行政法人国立病院機構、自治体病院その他の病院及び診療所等）の者を DHEAT の構成員に加えることができるものとする。

（3）　DHEAT の業務

　1)健康危機管理組織の立上げ

　　保健所が被災するなどした健康危機管理に関する指揮調整が混乱している場合は、組織の立上げを支援する。

　2)健康危機管理組織によるマネジメント業務の支援

　　a.被災情報の収集と分析評価、対策の企画立案

　　　医療救護所や避難所等からの保健医療ニーズとリソースに関する情報を一元的に収集し、平時情報と併せて分析評価することにより健康被害を最小化するための対策を企画立案する。

　　b.後方への支援要請と資源調達

　　　収集した情報やアセスメントの内容等を被災都道府県の本庁に設置される健康危機管理組織に報告することにより、後方への支援要請と不足する資源の調達を行う。

　　c.組織・職種横断的な調整

　　　残存する地元医療資源や医療支援チーム、DPAT、保健師支援チーム等が組織・職種横断的に協働した活動が行えるよう、収集分析した情報を共有し協議する場を設けて全体調整を行う。

　3)DHEAT 活動の報告及び記録

　4)DHEAT 活動の引継ぎ

　5)DHEAT 活動の終結

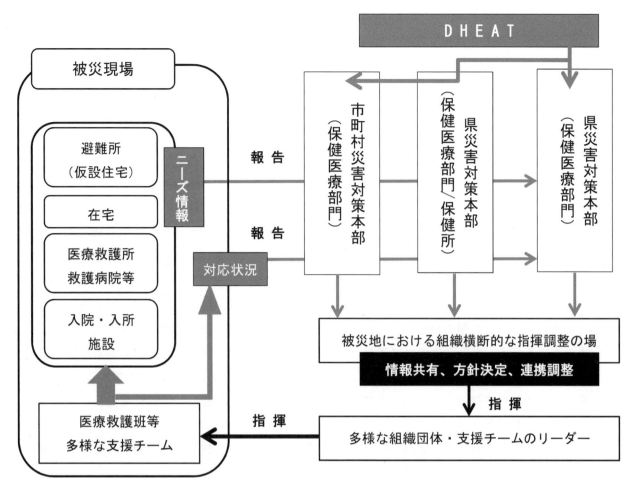

以上、厚生労働省健康局健康課地域保健室　資料
平成 27 年度地域保健総合推進事業「広域災害時における公衆衛生支援体制（DHEAT）
の普及及び保健所における受援体制の検討事業報告書」

4　栄養・食生活支援体制と役割分担

（1）大規模災害時の栄養・食生活支援体制（図6）

　行政管理栄養士の大規模災害発生時の被災地での栄養・食生活支援活動は、自治体の地域保健従事職種の一員として派遣され、避難所や被災市町村等で主に専門的な活動を行う派遣チーム（プレーヤー）と、災害時健康危機管理支援チーム（DHEAT）の一員として活動する派遣チーム（コーディネーター）の2チームの活動が求められている。

　また、行政管理栄養士の派遣の他に、日本栄養士会で設置される管理栄養士及び栄養士の専門職の支援チーム（JDA-DAT）の活動や食生活改善推進員等の住民組織による活動が、求めに応じて実施されており、連携と分担による効果的な支援活動が必要である。

　さらに、被災地での栄養・食生活支援活動を実施する上で、医師や保健師等の他職種の支援チームや自衛隊や婦人会、ボランティア団体等の炊き出し支援チーム、弁当業者等、様々な関係機関及び支援チームとの連携が重要となる。

　被災地で、被災者等に最前線で支援を行うプレーヤーと、関係者間の連絡調整やマネジメントの支援を行うコーディネーターの中で、栄養・食生活支援活動に従事し、または双方の連携した活動の実践が求められている。

（2）大規模災害時の栄養・食生活支援体制に基づく主な役割分担（表1）

　大規模災害発生時の被災地での栄養・食生活支援活動は、避難者の健康管理を支援する「対人保健」と、避難所等での食事の提供や食品衛生助言、給食施設等を支援する「対人保健」、情報提供や食事の分析評価、対策立案、支援要請、連絡調整等を行う「マネジメント」の3つである。

　避難者の健康管理に係る支援は、避難所等で第一線として避難者（地域住民）の支援にあたる市町村保健師又は管理栄養士・栄養士と市町村又は避難所の支援として派遣される行政栄養士が個別及び集団的な支援を直接行う。避難者の中でも、摂食・嚥下が困難な者や疾病による食事制限がある者、食物アレルギーをもつ者、乳児や妊産婦等、個別に支援が必要な避難者に対する支援は、日本栄養士会にJDA-DATの派遣要請を依頼することが効果的である（派遣要請は都道府県が行う）。また、管轄保健所の管理栄養士はDHEATとして派遣された保健従事者（管理栄養士を含む）は、これらの支援が円滑に進むよう後方支援を行う。

　避難所等で提供する食事（炊き出しや弁当、備蓄食品等）は、摂取エネルギーや栄養素の過不足による新たな健康問題の発生を防ぐために、適切なエネルギー及び栄養量を確保し、提供するための支援を行う。発災直後の食料不足から、段階的な支援が必要となり、災害対策本部や食事調達を担当する関係課と連携の上、進める必要がある。特別な食事の配慮が必要な要支援者には、持病や障害の悪化を防ぐため、日本栄養士会（JDA-DAT）の協力のもと、特殊栄養食品の配布や個別相談の実施を行う。

　また、避難所等での食中毒や感染症の発生を予防するために、食品衛生に関する助言を保健所食品監視員又は管理栄養士等が連携して行う。

　保健所管理栄養士（栄養指導員）が平常時の業務として特定給食施設指導を実施しており、災害時においても、給食施設の被災状況を踏まえ、給食提供が困難な施設への支援を行う。

　備蓄や支援物資、提供食の状況把握や避難所の食に関するニーズ、量販店での食料提供の状況等、食事及び栄養に関する情報を収集し、課題解決に向けた対策の立案や支援の要請、関係機関との連絡調整等、マネジメントは行政栄養士の大きな役割であり、それぞれの立場で連携のもと、実施する必要がある。

図6 大規模災害時の栄養・食生活支援体制

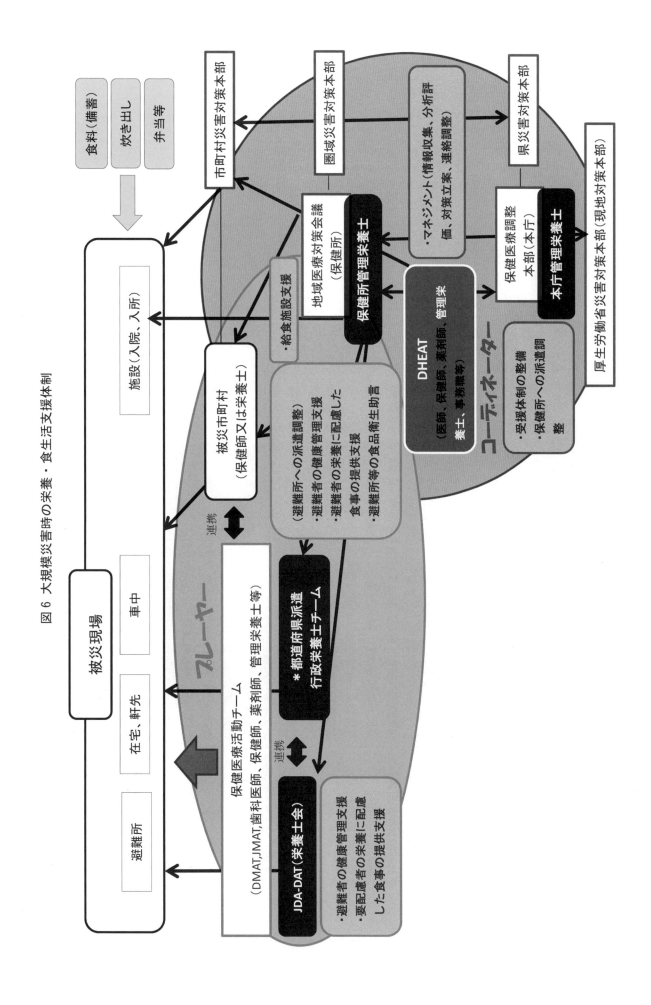

表1 大規模災害時の栄養・食生活支援体制に基づく主な役割分担表

		被災市町村 又は栄【市町村支援】派遣行政栄養士（保健師又は栄養士）	保健所管理栄養士【保健所支援】派遣行政栄養士	DHEAT（医師、保健師、薬剤師、管理栄養士、事務職等）	本庁管理栄養士【本庁支援】派遣行政栄養士	厚生労働省	JDA-DAT（栄養士会）
対人保健	避難者の健康管理支援	健康な食に関する普及啓発、健康教育（ポピュレーションアプローチ）／避難者の食の自立に向けた支援（自助による栄養量の確保）	市町村及び派遣行政栄養士（JDA-DAT含む）による支援／関係団体等による支援／健康課題のアセスメント	保健所の支援	保健所の支援		避難者への個別巡回相談（ハイリスクアプローチ）
	避難者の栄養に配慮した食事の提供支援	備蓄食品（固定・流通）又は支援物資からの栄養確保、提供支援／炊き出し、弁当等からの適切な栄養量の確保／炊き出しボランティアへの啓発（栄養量確保）	市町村（食事調整主管課含む）及び派遣行政栄養士の支援／不足資源の調整／調達資源の適正配分	保健所の支援	保健所の支援	避難所における食事提供の栄養の参照量提示	
対物保健	要配慮者の栄養に配慮した食事の提供支援	要配慮者の把握／要配慮者に有用な食料（備蓄、支援物資）の確保、提供支援／要配慮者に配慮した食事（炊き出し、弁当）の提供支援	市町村及び派遣行政栄養士の支援／JDA-DATの支援	保健所の支援	保健所の支援		特殊栄養食品ステーションの設置、配布
	避難所等の食品衛生助言	避難所の食事の衛生管理状況の把握と衛生助言／炊き出しボランティアへの衛生助言	食品衛生監視員との連絡調整／市町村及び派遣行政栄養士の支援		保健所の支援		
	給食施設支援		給食提供困難施設への支援		保健所の支援		

	被災市町村（保健師又は栄養士）	【市町村支援】派遣行政栄養士	保健所管理栄養士【保健所支援】派遣行政栄養士	DHEAT（医師、保健師、薬剤師、管理栄養士、事務職等）	本庁管理栄養士【本庁支援】派遣行政栄養士	厚生労働省	JDA-DAT（栄養士会）
情報収集	備蓄及び支援物資の状況把握／提供食の状況把握／避難所の食に関するニーズの把握		被災情報の収集／量販店、スーパー等の食料提供状況の把握／ライフライン復旧状況の把握		保健所の支援		
分析評価	提供食の食事調査		食事調査の分析、評価				
対策立案・支援要請	保健活動計画の立案／通常業務の再開計画の立案		優先対策の決定／市町村及び派遣行政栄養士の支援		保健所の支援		
関係機関との連絡調整	炊き出し実施団体との連絡調整／弁当業者との連絡調整／JDA-DATとの連絡調整		災害対策本部との連絡調整／組織・職種横断的な調整（支援チーム）／市町村及び本庁との連絡調整		災害対策本部との連絡調整／保健所との連絡調整／JDA-DATとの連絡調整／厚生労働省との連絡調整	都道府県との連絡調整	保健所、市町村との連絡調整／本庁との連絡調整
受援体制の整備	受援内容の計画、要望		支援要望のとりまとめ／管理栄養士・栄養士の派遣要請／JDA-DATの派遣要請／受援内容の計画、要望		管理栄養士・栄養士の派遣要請／JDA-DATの派遣要請／受援内容の依頼	管理栄養士・栄養士の派遣調整	

フェーズ

II 大規模災害時における栄養・食生活支援活動について
1 概要図

*赤字：行政栄養士が従事すべき活動（自治体からの派遣含む）
青字：管理栄養士又は栄養士の活動でJDA-DAT（日本栄養士会）への依頼が有効な活動

フェーズ	0（概ね発災後24時間以内）	1（概ね発災後72時間以内）	2（避難所対策が中心の時期）	3（避難所から概ね仮設住宅入居までの期間）	4（復旧・復興期）	発災前の備え（Plan・Action）
あるべき姿（栄養・食生活）	住民が被災時でも水と食物が摂取できる（食料確保）	住民が必要なエネルギーを確保できる	住民が適切なエネルギー及び栄養量の確保ができる温かい食事や多様な食事をとり、被災者がホッとでき、被災生活の疲れがとれる	被災住民にあった食事を摂取できる（要介護者に対応した）食を楽しみ、生活再建への活力となる	自己で個人にあった食事を摂取できる（日常に戻る）食を楽しみ、生活再建への活力となる	
想定される健康・栄養課題	ストレス関連障害（高血糖、高血圧）感染症・食中毒エコノミークラス症候群（水分摂取不足）食欲不振エネルギー摂取量不足	食欲不振エネルギー摂取量不足	エネルギー摂取量過剰便秘、下痢、口内炎微量栄養素摂取量不足	栄養摂取量不足、欠乏症慢性疾患の悪化健康教育・企画		
Do 特定給食施設等に対する支援（保健所）	□(5)-1 被災状況の把握（厨房設備、ライフライン）□(5)-2 給食提供状況の把握□(5)-3 他施設等との連携状況の把握	□(5)-4 給食提供困難施設への支援調整	□(5)-5 要配慮者への食事支援の依頼□(5)-6 通院者への栄養指導依頼			5 特定給食施設等の支援□給食施設の非常食の備蓄状況を把握□給食施設内に災害時対応マニュアル等が整備されているかを把握□他施設との連携体制の整備状況を把握
Do 健康な食に関する普及啓発・健康教育（Do）	□(7)-1 食料入手に関する情報の発信□(7)-2 提供食の衛生管理に関する啓発	□(7)-3 食料入手に関する情報の発信（要配慮者）□(7)-4 ボランティアへの炊き出しルールの啓発	□(7)-5 提供食の不足栄養量を補うための協力依頼□(7)-6 要配慮者の病態にあった食事のとり方の啓発	□(7)-7 仮設住宅近辺の食料調達に係る情報発信□(7)-8 健康教育・健康情報誌発行等による啓発		7 健康な食に関する普及啓発・健康教育□家庭での非常食の備蓄の普及□災害時の調理工夫等の普及啓発

フェーズ	0（概ね発災後24時間以内）	1（概ね発災後72時間以内）	2（避難所対策が中心の時期）	3（避難所から概ね仮設住宅入居までの期間）	4（復旧・復興期）	発災前の備え（Plan・Action）
備蓄（協定）	□ (8)-1 備蓄状況の把握 □ (8)-2 避難者への提供体制の確保	□ (8)-3 適正なエネルギー及び栄養量確保のための食料確保・提供 □ (8)-4 要配慮者のエネルギー及び栄養量確保に有用な食料確保・提供				8 備蓄（協定）について □ 避難者に必要なエネルギー及び栄養量の確保 □ 要配慮者に必要な食料確保
炊き出し	□ (9)-1 調理場所の確保 □ (9)-2 自衛隊又は団体等への炊き出し依頼 □ (9)-3 献立作成依頼又は献立提供 □ (9)-4 食材の入手と搬送の手配 □ (9)-5 炊き出しルールの提供 □ (9)-6 要配慮者（アレルギー	□ (9)-7 炊き出しボランティアの受付 □ (9)-8 提供食の食事調査・評価	□ (9)-9 要配慮者（アレルギー以外）に対応した食事提供			9 炊き出しについて □ 炊き出し担当部署との連携体制の整備 □ 炊き出しに必要な場所や人員、食材確保の設定 □ 炊き出しの献立又は献立作成基準の作成 □ 炊き出しルールの作成 □ アレルギー疾患患者への対応方法の連携体制の整備 □ 災害時の栄養・食生活支援に関する研修の実施と連携
整備（Ｄｏ） 人材（被災地本庁）	□ (13)-4 支援内容の決定	□ (13)-1 都道府県内の応援（管理栄養士）の調整 □ (13)-2 管理栄養士派遣に関する国への要請（関係機関・団体）の調整 □ (13)-3 派遣自治体との連絡調整	□ (13)-4 派遣受入に関する国との連絡調整 □ (13)-5 派遣自治体との連絡調整 □ (13)-6 災害救助法の適用調整	□ (13)-7 派遣終了の調整		
人材（派遣自治体）		□ (13)-1 被災情報の収集 □ (13)-2 DHEAT、保健チームへの管理栄養士派遣調整 □ (13)-3 派遣準備	□ (13)-4 管理栄養士派遣継続への対応 □ (13)-5 派遣者不在の間の業務応援調整 □ (13)-6 必要物品の確認、補充の調整 □ (13)-7 派遣者への助言、活動支援	□ (13)-8 派遣終了の調整		
通常業務の再開(Do)				□ (15) 通常業務の再開計画（ロードマップ）作成		
支援活動のまとめと検証(Check)					□ (16) 支援活動のまとめと検証	

Ⅱ　大規模災害時における栄養・食生活支援活動について

1　概要図

　　大規模災害時において、被災者の健康を守るために必要な栄養及び食生活に関する支援活動について、発災直後から段階的にあるべき姿やその実現に必要な支援をまとめた。

2　被災住民のあるべき姿

　　大規模災害時において、被災者に新たな健康問題の発生や、持病や障害をもつ被災者が悪化する等の二次健康被害を最小化することが必要である。災害時の食料確保や栄養管理といった生活環境上の健康リスクを軽減することの他、食事は被災者の疲れをとり、ほっと安心できるものとなるよう、発災直後からの段階に応じたあるべき姿を描き、関係者が共有することが望ましい。発災直後の食料確保から必要なエネルギーの確保、エネルギー及び栄養素量の確保、温かい食事や多様な食事、食を楽しみ、生活再建への活力となる、とあるべき姿へ早く近づけることを目指した支援が求められる。

3　想定される健康・栄養課題

　　災害による強度なストレスから不眠や不安症状による血圧や血糖値の上昇がみられる場合がある。また、避難所生活では配給される飲食物が限られている場合が多く、トイレの数も制限されるため、水分の摂取を控えるため脱水症やエコノミークラス症候群がみられる。配給される食料は、発災当時はパンやカップ麺等の炭水化物が中心の食事が主となり、肉や魚、野菜等の生鮮食品を使った食事が少なくなるため、たんぱく質やビタミン、ミネラル、食物繊維といった栄養素の不足が目立ち、栄養素の摂取不足が1か月程度続くことにより、便秘や下痢、口内炎、貧血等の欠乏症がみられる。特に食事療養が必要な避難者では疾患の悪化がみられることから注意が必要となる。

　　また、避難所生活が続くことにより、ストレスや活動量の低下に伴う食欲不振もみられ、温かい食事や汁物の提供等、食事による安らぎの提供が求められる。

（1）食物アレルギー

【チェック項目】

□食物アレルギーをもつ者がいる

□提供する食事について、食物アレルギーの情報を提供していない

□食物アレルギーに対応した食事を提供できていない

【症状等】

・皮膚症状（あかみ、じんましん、腫れ、かゆみ、湿疹）

・粘膜症状（目の充血・腫れ・かゆみ、涙、まぶたの腫れ、鼻水・鼻づまり、くしゃみ、口の中や唇、舌のかゆみ）

・呼吸器症状（喉のかゆみ、喉や胸が締めつけられる＊、声がかすれる＊、息苦しい＊、咳＊、唇や爪が青白い＊）

・消化器症状（気持ちが悪い、嘔吐＊、腹痛＊、下痢、血便）

・神経症状（頭痛、元気がない、ぐったりしている＊、意識もうろう＊、失禁＊）

・循環器症状（血圧低下、脈が速い・不規則・触れにくい＊、手足が冷たい、顔色・唇・爪が青白い）

＊緊急性が高いアレルギー症状

【保健衛生部局・保健所本部における対策】

・避難所等の被災者に食物アレルギーをもつ者がいるのか、確実に把握する。また、把握の際は、医師の診断に基づくものなのか、保護者等の思い込みや不安等による判断に基づくものなのかについてもできる限り把握しておく。

・食物アレルギーをもつ被災者のうち、アナフィラキシーショックをおこす等の重症者を把握する。また、重症者のなかで、アドレナリン自己注射薬（エピペン）を保持しているのかも把握する。

・提供する食品及び食事について、原材料にアレルギー食品が含まれているのか、本人又は家族が確認、選択できるよう、献立や使用されている原材料の情報を提供する。

・提供する食事について、食物アレルギーにより摂取できない被災者に対する食事提供をどうするのか、避難所運営責任者は、管理栄養士等と連携して対応を検討する。なお、災害時に集団としての提供であり、完全除去を基本とし、除去食及び代替え食での対応が望ましい。

・炊き出し又は弁当等の提供において、調理を担当する業者又は団体等に対し、食物アレルギーへの対応について協議する。調理段階での原因食物の混入や加工食品の原因食品の確認、配膳ミスを防ぐ方法について指示を行う。

【保健指導】

・避難所等で提供される食品又は食事について、食物アレルギーの原因食品が含まれているのか、本人及び家族も確認するよう勧める。

・加工食品について、特定原材料（7品目）以外の食品で食物アレルギーの原因食品がある場合は、本人及び家族に別途、確認するよう勧める。

・食物アレルギーの原因食品が除去された食事を摂取することで、栄養素摂取量が不足する可能性がある場合は、管理栄養士等に相談し、代替食品を摂取する。

・食物アレルギーをもつ被災者が相談できる機会をつくる。

（2）栄養不足（栄養障害）

【チェック項目】

□食事量が不足している

□食事回数が不足している

□食事が偏っている（主食中心、おかずがない、野菜・果物がない）

□摂食・嚥下に問題を抱えている

□義歯をなくした、又は義歯が合わない

【症状等】

・顔面（蒼白、ムーンフェイス、鼻唇の脂漏）：低たんぱく、ビタミンB2欠乏、鉄欠乏

・眼（角膜乾燥、ビトー斑点、角膜軟化症）：ビタミンA欠乏

・唇・口（口内炎、口角瘢痕、口角症）：ビタミンB2欠乏

・舌（水腫、鮮紅色舌、亀裂、舌乳頭萎縮）：ビタミンB2欠乏、ナイアシン欠乏

・歯肉（海綿状、出欠、毛状乳頭の萎縮）：ナイアシン欠乏、ビタミンC欠乏、鉄欠乏

・皮膚（乾燥、点状出血、ペラグラ、弾力消失）：低栄養、低たんぱく質、ビタミンA欠乏、ナイアシン欠乏、ビタミンC欠乏

・爪（匙形爪）：鉄欠乏

・分泌腺（甲状腺肥大）：ヨウ素欠乏

・体重減少

【保健衛生部局・保健所本部における対策】

・避難生活の長期化が予測される場合は、主食中心の提供食からバランスのとれた食事の提供が必要となるため、管理栄養士と連携し、避難所等で提供される食事調査を実施する（エネルギー及び栄養価の算定）。

・各避難所の提供食の調査結果をもとに、エネルギー及び栄養素摂取量の不足がみられた場合は、市町村災害対策本部又は食料供給の担当主管課と連携し、迅速に物資を要請し、被災者へ提供する。

・炊き出し又は弁当による食事提供の場合、献立の改善によりエネルギー及び栄養素摂取量の適正化が図られると判断した場合は、市町村災害対策本部又は担当主管課と連携し、炊き出し又は弁当提供担当者に対し、改善に向けた助言を行い、適切なエネルギー及び栄養量の食事を提供する。

【保健指導】

・摂取量の確保例（特に摂食・嚥下困難者）

○おにぎりや冷たいご飯は袋にいれて、湯（ポット）にいれて温めるあるいは、おじやにする。

○パンのようにパサパサしたものは、牛乳やジュースなどの水分に浸す。

○できるだけ汁物を提供する。

○弁当などはばらして、水分を加えて再調理するなどして、軟らかくし、水分量を多くする。

○エネルギーやたんぱく質の高い補助食品を利用する。

○弁当では、肉類のおかずが多くなる傾向にあるので、缶詰やレトルト食品などと組み合わせて、魚や豆のおかずをとりいれる。

○梅干し、ふりかけ、のり、漬物などを手配する。

○たくさん食べられない時は、可能であれば、魚や豆類の缶詰などのたんぱく質食品から食べるようにすすめる。

・食べにくい方への指導例

○食事の前に少量の水分で口を湿らす。

○食品と水分を交互にとる。

○袋に入っている状態の時に、つぶしたり、ちぎったりして食べやすい大きさにしておく。

○レトルトタイプの粥、汁気の多い缶詰、ベビーフードを利用する。

○ゼリー飲料、ポタージュスープなどのとろみのある食品を利用する。

　　　　　　　○：国立健康・栄養研究所「災害時の栄養情報ツール」より引用
(http://www.nibiohn.go.jp/eiken/disasternutrition/info_saigai.html) より引用

・地域の量販店等の復旧状況を踏まえ、必要に応じ、被災住民に対し、適切なエネルギー及び栄養量確保のために補充したい食品の購入等について助言を行う。

（3）食事制限のある疾患

【チェック項目】

□心疾患や高血圧症で塩分制限がある

□腎炎や腎不全、人工透析でたんぱく質制限がある

□ネフローゼで食事制限（良質たんぱく質・塩分制限・高エネルギー等）がある

□高脂血症で脂質制限がある

□肝炎や肝硬変症で食事制限（高たんぱく質・高エネルギー・高ビタミン・塩分制限等）がある

□糖尿病で食事制限（摂取エネルギー制限・多様な食品摂取等）がある

□高尿酸血症（痛風）でプリン体量制限がある

□潰瘍性大腸炎やクローン病で食事制限（低残渣・脂肪制限等）がある

□フェニールケトン尿症で食事制限（フェニールアラニン制限・低たんぱく質等）

がある
□ウィルソン病で銅含有量食品の制限がある

【保健衛生部局・保健所本部における対策】
・食事摂取制限の内容について、本人の他に、かかりつけ医又は医師に確認及び指示を受ける。
・避難生活の長期化が予測される場合は、バランスのとれた食事の提供が必要となるため、提供されている食事内容の確認を行い、エネルギー及び栄養価の算定をもとに、過不足する栄養素の補給が必要である。
・避難所に提供される食事をおにぎり、パン等の穀類一品から、魚・肉・野菜・豆など多様な食品を組み合わせた「弁当スタイル」にできるだけ早期に実施できるよう、管理栄養士と連携して災害対策本部又は担当課へ働きかける。
・炊き出し等による温かい食事の提供は、被災者の低下する食欲と心を満たしてくれる、管理栄養士と連携して炊き出し要請や実施支援を行う。

【保健指導】
・疾患をもつ被災者が自己の身体と疾病に応じた食事療法を継続できるようサポートする。避難所のような集団生活にあっては、生活リズムが乱れ過食経口が散見され、必要な食事制限が実施されない場合もあるが、あくまでに本人の疾病改善意欲を高め、自立できるよう栄養指導を行う。
・食事制限のある疾患をもつ被災者に対する栄養相談は、頻度をもって巡回し、食欲、睡眠、疲労、排便など、食生活状況を確認するとともに、必要な食事療法が実施されているかを管理栄養士と連携し、確認する。
・高血圧の方への指導例
　○被災地で配給される食事には塩分の多い物も多く含まれている場合が多いので、ナトリウムの排泄を促進するため、水分を十分にとる。
　○寒さで血圧が上がっている場合には、下半身を中心に身体を温める
　○食材が届き始めたら、野菜や果物を積極的に食べること、選べるのであれば肉類のおかずより魚を摂取する。
・糖尿病の方への指導例
　○できるだけ糖分を含まない飲料を選び、水分を十分とる。
　○被災地にはショ糖の多い食品（菓子パン、菓子やソフトドリンクなど）も多く届くため、普段の食事管理に準じて、ショ糖や果物の摂取量を控えめにする、あるいは、他に飲み物や食べ物がない時には、一度にたくさん食べず、少量をゆっくり食べる。
　○まとめて一度に食べずに、決まった時間に2～3回に分けて食事ができるように

工夫する。

〇野菜類、こんにゃく、海藻、きのこやたんぱく質を含む食品（肉・魚の缶詰や、卵・乳製品など）を炭水化物の多い食品を食べる前に食べ、炭水化物の多い食品はその後でゆっくりと噛んで食べる。

〇血糖降下剤などを使用する時には、食事の量が減っているので、低血糖に気をつける。薬の種類や量については、医師に相談する。

〇：国立健康・栄養研究所「災害時の栄養情報ツール」
(http://www.nibiohn.go.jp/eiken/disasternutrition/info_saigai.html) より引用

4　アクションカードの作成について

（1）アクションカードとは

　大規模災害が発生した時、所属の職員又は応援に来た職員は、平常時に作成された「地域防災計画」や「災害対策マニュアル」に基づき活動することになる。しかし、分厚いマニュアルをみながらの活動は困難で、特に応援に来た別所属の職員や他の自治体の職員等マニュアルを読んだことがない職員にとっては、より時間のかかる作業であると予想される。

　そこで、限られた人数や資源で効率的に緊急対応を行うことを目的に作成するのが「アクションカード」である。より現実的に対応するために、現場のスタッフに配布され各自の担当の部分のみを記載するものであり、それぞれのアクションカードは、災害対策マニュアルに準じて個々の役割に対する具体的な指示が書き込まれており、その役割に就いた人がアクションカードを読めば、必要な行動がわかるようになっている。

　アクションカードは、一度作成したから“完成”ではなく、訓練やシミュレーションを繰り返して修正を行っていく必要がある。

（2）災害時の栄養・食生活支援活動に係るアクションカード

　大規模災害時の栄養・食生活支援活動ガイドラインに基づき、保健所管理栄養士が被災地の市町村管理栄養士及び現地に派遣される管理栄養士等（必要時）とともに、発災時にとるべき栄養・食生活支援に係る行動指針をカードに作成した。

【アクションカードのねらい】

　他県からの応援行政管理栄養士（DHEAT、保健医療活動チーム）やJDA-DAT、保健所内職員等が

　・被災保健所又は被災市区町村に応援に来て、すぐ活動に参加してもらう。

　・どこまで活動したのか、活動を妨げる課題は何か、被災地職員や他の応援職員と共有できる。

　・保健所内の上司や他職種職員に、支援活動内容や結果について共有できる。

　なお、各アクションカードに添って活動を行うにあたり、おおよその順序についてタイムラインを作成した（別添P31）。また、①被災状況の収集から③受援体制の整備の活動は、主に被災市町村及び管轄保健所が、本庁と連携のもと活動するカードとして整理した。④以降は、他の自治体や団体等からの応援を受けて活動するカードとしており、特に⑨⑩の食中毒・感染症対策については、保健師や食品衛生監視員等の他職種との連携のもと活動するカードである。

【支援活動（例）】

　①被災状況の収集（栄養・食生活支援に係る）

　②特定給食施設等の支援（保健所）

　③受援体制の整備

　④提供食の把握

　⑤要配慮者の支援

⑥提供食の支援（備蓄・炊き出し・弁当等）

⑦被災者の支援（栄養相談、健康教育）

⑧食環境の整備

⑨食中毒・感染症の予防

⑩食中毒・感染症の拡大防止

（3）アクションカード（例）の留意点

・あくまでも（例）である

　地域防災計画や準備状況は地域で異なる、また、関係機関も異なる。

　自分の地域すなわち保健所又は市区町村で使えるカードに修正することが必要である。

・保健所での栄養・食生活支援カードである。

　本庁や市区町村のカードが必要な場合は当カードを参考に、別途作成して欲しい。

・"新採行政栄養士でも動ける"を意識している。

　なので、指示内容が詳細です。必要に応じて簡素化して欲しい。

・作成後、更新が必要である。

・その他（おすすめ）

　栄養・食生活支援活動のカードを作成したら、ぜひ、所属内で共有して欲しい。栄養士が災害時にどんな活動が必要なのか、理解してもらえるはずである。

　栄養・食生活支援は保健活動のひとつなので、できれば保健師の活動もカードにする等、担当課全体の業務として作成するのが望ましい。また、本庁との連携も必要な部分があるため、栄養主管課で共有が必要となる。もちろん、管内市区町村とも共有が必要である。

・その他（作成するとき）

　受援側、応援側の双方の立場で確認する。特に、応援側の立場でこのカードを示された場合、これで活動できるか、チェックしてみて欲しい。

（4）アクションカード（例）の見方

（おもて）

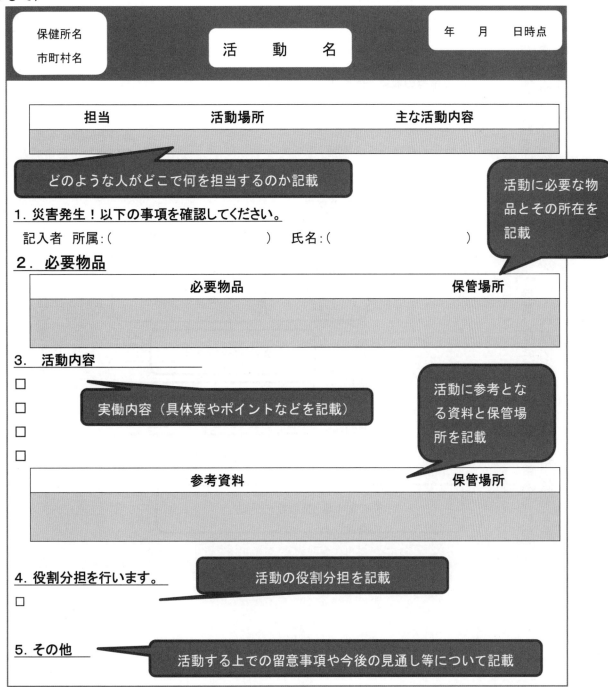

（うら）

アクションカードの裏面は自由記載とし、地図や関係機関の連絡先等、活動に参考となる資料を掲載する。

参考文献：「そのまま使える災害対策アクションカード」大津市民病院　吉田修他　中外医学者

(5)大規模災害発生時の栄養・食生活支援活動タイムライン

概ね発災後 24時間以内	概ね発災後 72時間以内	避難所対策 が中心の時期	避難所から概ね仮設住宅 入居までの期間

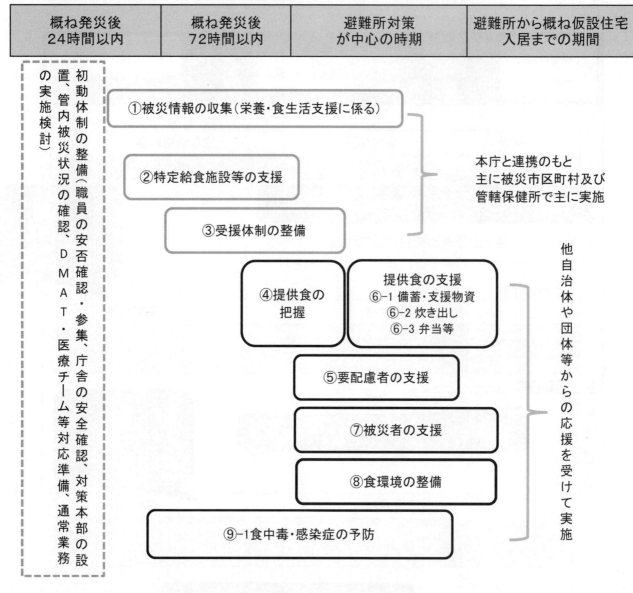

初動体制の整備（職員の安否確認・参集、庁舎の安全確認、対策本部の設置、管内被災状況の確認、DMAT・医療チーム等対応準備、通常業務の実施検討）

①被災情報の収集（栄養・食生活支援に係る）

②特定給食施設等の支援

③受援体制の整備

本庁と連携のもと主に被災市区町村及び管轄保健所で主に実施

④提供食の把握

提供食の支援
⑥-1 備蓄・支援物資
⑥-2 炊き出し
⑥-3 弁当等

⑤要配慮者の支援

⑦被災者の支援

⑧食環境の整備

⑨-1食中毒・感染症の予防

他自治体や団体等からの応援を受けて実施

Ⅱ　大規模災害時における栄養・食生活支援活動について
5　必要な支援活動（発災時）

□　（1）初動体制の確立【フェーズ0：概ね発災後24時間以内】

　　　　・災害が発生した場合、各自の所属のマニュアルに沿って勤務先に出勤する。

　　　　・出勤時には、当面の食料や身の回りの必需品をなるべく持参する。

　　　　・出勤後は、出勤できた職員及び所属長や防災担当者と支援活動に向けた体制を整える（医療救護現地対策室の設置）。【保健所】

□　（2）被災情報の収集及び発信

情報収集	フェーズ0 概ね発災後24時間以内	フェーズ1 概ね発災後72時間以内	フェーズ2 避難所対策が中心の時期
ライフライン	□　損壊状況	□　復旧状況	□　復旧状況
被害状況	□　被災者数 □　施設被害 □　交通状況（物流）	□　被災者数 □　施設被害 □　交通状況（物流）	
避難所情報	□　開設状況	□　避難者数 □　要配慮者数	□　避難者数 □　要配慮者数
地域防災計画	□　市町村の防災計画		
市町村担当者	□　市町村の管理栄養士又は栄養士、保健師の出勤状況	□　市町村の管理栄養士又は栄養士の勤務状況	

　　　　・ライフラインや被害状況の収集については、県及び地域の災害対策本部の情報を基に組織（保健所等）で一括して把握する。【保健所・本庁】

　　　　・避難所情報や医療機関の被害状況の収集については、広域災害・救急医療情報システム(EMIS: Emergency Medical Information System)で把握し、必要に応じて入力（代理）を行う。医療機関以外の施設の被害状況の収集は、関係課（福祉主管課等）との連携のもと、把握する。【保健所】

EMIS (Emergency Medical System)

　EMISとは、災害発生時に、被災した都道府県を越えて医療機関の稼働状況など災害医療に関わる情報を共有し、被災地域で迅速かつ適切に医療救護に関する各種情報を

集約・提供していくためのシステムである。ＥＭＩＳでは、医療機関の被災状況や避難所状況、救護所状況も入力されているので、被災地で活動する上で必要な情報を知ることができる。

【ＥＭＩＳで把握できる医療機関情報】（抜粋）

■入院病棟倒壊・倒壊の恐れ

■ライフライン

　　●電気使用不可　　　●水使用不可

■現在の患者数状況

　　●稼働病床数　　　●受入患者数〔重症　中等症〕　　　●在院患者数〔重症　中等症〕

【ＥＭＩＳで把握できる避難所情報】（抜粋）

　避難所情報は、避難所毎に整理され、避難者数や管理統括・代表者、医療の提供状況などを把握することができる。

　また、保健師活動の状況やライフライン、食事の供給、配慮を要する人など栄養・食生活支援活動に必要となる基本情報を得ることができる。

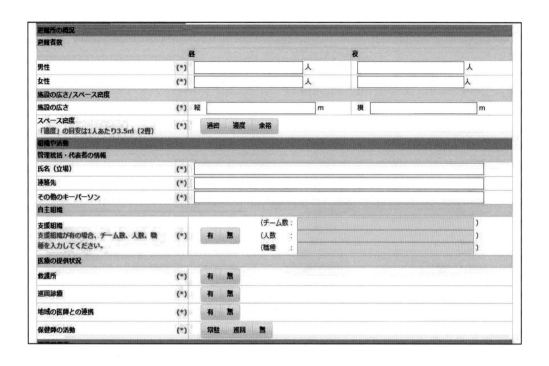

■ライフライン

　　電　　気〔可　不可〕（使用可　使用不可）

　　ガ　　ス〔可　不可〕（使用可　使用不可）

　　水　　道〔可　不可〕（使用可　使用不可）

■設備状況と衛生面

　　冷暖房〔有　無〕（使用可　使用不可）

　　調理設備〔有　無〕（使用可　使用不可）

■食事の供給

　　飲料水（調理用水は除く）〔十分　　不足　　無〕

　　　「十分」の目安は１日1.5L

　　食事量・配給〔十分　　不足　　無〕

　　　「十分」の目安は１日1,900キロカロリー

環境的側面				
ライフライン				
電気	(*)	可　不可		
ガス	(*)	可　不可		
水道	(*)	飲料可　利用可　不可		
固定電話	(*)	可　不可		
携帯電話	(*)	可　不可		
データ通信	(*)	可　不可		
設備状況と衛生面				
冷暖房	(*)	無　有	（　使用可　使用不可　）	
照明	(*)	無　有	（　使用可　使用不可　）	
調理設備	(*)	無　有	（　使用可　使用不可　）	
トイレ	(*)	無　有		
生活環境の衛生面				
屋内土足禁止	(*)	無　有		
寝具	(*)	無　有		
ペット対策	(*)	無　有		
食事の供給				
飲料水（調理用水は除く）「十分」の目安は1日1.5L	(*)	十分　不足　無		
食事量・配給「十分」の目安は1日1900キロカロリー	(*)	十分　不足　無		

■配慮を要する人

- ●高齢者　　　　　　　総数　　　人　　うち75歳以上　　　　　　　　人
  　　　　　　　　　　　　　　　　　　うち要介護認定者数　　　　　　人
- ●妊婦　　　　　　　　総数　　　人　　うち妊産婦健診受診困難者数　　人
- ●産婦　　　　　　　　総数　　　人
- ●乳児　　　　　　　　総数　　　人
- ●幼児・児童　　　　　総数　　　人　　うち身体障害児　　　　　　　人
  　　　　　　　　　　　　　　　　　　うち知的障害児　　　　　　　人
  　　　　　　　　　　　　　　　　　　うち発達障害児　　　　　　　人
- ●障害者　　　　　　　総数　　　人　　うち身体障害者　　　　　　　人
  　　　　　　　　　　　　　　　　　　うち知的障害者　　　　　　　人
  　　　　　　　　　　　　　　　　　　うち発達障害者　　　　　　　人
  　　　　　　　　　　　　　　　　　　うち精神障害者　　　　　　　人
- ●難病患者　　　　　　総数　　　人
- ●在宅酸素療養者　　　総数　　　人
- ●人工透析者　　　　　総数　　　人
- ●アレルギー症患児・者　総数　　　人

■防疫的側面

- ●胃腸炎様症状（下痢・嘔吐など）　〔多数　　有　　無〕
- ●風邪様症状（咳・発熱など）　　　〔多数　　有　　無〕
- ●その他（麻疹など）　　　　　　　〔多数　　有　　無〕

（例）

○○保健所		年　月　日時点

①被災情報の収集
（栄養・食生活支援に係る）

アクションカード

担　当	活動場所	活動内容
① 保健所 管理栄養士 又は職員	保健所地域医療対策 会議 （○F○○室）	管内市区町村の管理栄養士又は栄養士、保健師の状 況確認 被災状況や避難所情報の共有

1. 災害発生！以下の事項を確認してください。

記入者　所属：○○保健所○○課　　　　氏名：○○○○

2. 現地対策本部が保健所長の指揮の下、立ち上がります。出勤した職員と支援活動に向けた体制を整えてください。

☐　事務室に物品を搬入し、本部機能の立ち上げに関わる。

必要物品	保管場所
ホワイトボード　ホワイトボードマーカー　ライティングシート　パソコン 連絡機器（有線電話（災害時優先電話含む））　ビブス	事務室

3. 役割分担を行ってください。

☐　保健所内の役割分担を確認する。
　　例）本部長（所長）、クロノロ係×2、本部長補佐（次長）、各課長、各部署との連絡係（複数）、EMIS 担
　　　当、受援対応担当を確認する。
☐　分担された業務に従事する。

4. アクションカードを各担当に渡し、災害対応を始めてください。

☐　各部署の初めの一歩
　　例）本部　　　　　　→ ☐ クロノロの作成　☐ 連絡手段の確立　☐ EMIS の入力
　　　　外部調整部門 → ☐ 連絡先の整理　☐ 被災市区町村の災害対策本部からの情報収集
　　　　　　　　　　　　　☐ 本庁保健医療調整本部との連絡調整　　☐ TV などからの情報収集

☐　栄養・食生活支援に係る情報収集

→ ☐ 管内市区町村の管理栄養士等又は保健師の出勤状況を確認する。（裏面）
　　☐ 管内市区町村の管理栄養士等の当面の従事業務を確認する。（裏面）
　　☐ 被災市区町村の地域防災計画及び栄養・食生活支援関連計画を確認する。
　　　　→ ☐ 地域防災計画に栄養・食生活に関する記載内容。
　　　　→ ☐ 栄養・食生活支援関連計画の内容。

必要物品	保管場所
地域防災計画、関連計画（栄養・食生活支援）	事務室

5. その他

- □ 被災市区町村の現地対策本部に寄せられる被害状況や避難所情報を確認し、クロノロに記載される栄養・食生活関連の問題を書き出す。
- □ 抽出された栄養・食生活関連の問題に対し、対応策を考えて優先順位を決める。
- □ 被災状況を踏まえ、今後、栄養・食生活支援が必要と判断される場合、管内市区町村の管理栄養士等が栄養・食生活支援活動に従事できるように、上司と相談の上、市区町村関係課へ調整する。

管内市区町村栄養担当者リスト

市町村名	所属名	担当者名 （配置人数）	連絡先(TEL)	出勤状況	従事内容
○○市	○○○課	○○（○名）	○○―○○○○		
○○町	○○○課	○○（○名）	○○―○○○○		
○○町	○○○課	○○（○名）	○○―○○○○		
○○村	○○○課	○○（○名）	○○―○○○○		

本庁栄養主管課連絡先

都道府県名	所属名	担当者名	連絡先(TEL)	出勤状況
○○県	○○○課	○○	○○―○○○○	

☐ （3）提供食の把握

提供食の把握	フェーズ0 概ね発災後24時間以内	フェーズ1 概ね発災後72時間以内	フェーズ2 避難所対策が中心の時期
食料備蓄	☐ 1 備蓄状況の把握（品名、数量） ☐ 2 避難者への提供状況の把握（内容、数量）	☐ 2 避難者への提供状況の把握 ☐ 3 流通備蓄の手配状況の把握（内容、数量） ☐ 4 不足食料の把握（有無、内容）	
提供食		☐ 5 炊き出し対応の把握（有無、誰が、内容、場所、期間、要配慮者への対応） ☐ 6 弁当の提供状況の把握（有無、店舗名、内容、期間、要配慮者への対応）	
食事調査・評価		☐ 7 各避難所提供食の食事調査（エネルギー・栄養価の算定）	☐ 8 提供食のエネルギー・栄養価の算定 ☐ 9 提供食の栄養量評価（エネルギー・栄養素）

・災害に際して、応急的に必要な救助のひとつに「炊き出しその他による食品の給与及び飲料水の供給」がある（災害救助法第4条）。

・市町村により備蓄等の食料を提供する場合や、炊き出しによる提供、弁当等による提供と救助方法が異なるので、被災市町村の提供食について把握する必要がある。【保健所】

・食品の給与に際し、国のプッシュ型による給与も実施されており、被災住民のニーズにあった食料の手配のため、不足又は必要な食料について市町村災害対策本部又は食料供給の担当主管課と連携のもと把握し、本庁の担当課へ迅速に伝える。【市町村・保健所】

・避難生活の長期化が予測される場合は、主食中心の提供食からバランスのとれた食事の提供が必要となるため、提供されている食事内容の確認を行い、エネルギー及び栄養価の算定をもとに、過不足する栄養素の補給が必要である。なお、提供食のエネルギー及び栄養価の算定は、専門職である管理栄養士又は栄養士による実施について、管轄保健所に要請する。【市町村・保健所】

TOPIC

避難所等で提供する食事の食事調査の実施について（市町村・特別区調査）

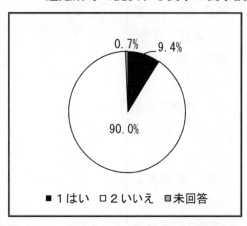

0.7%　9.4%

90.0%

■1はい　□2いいえ　▣未回答

食事調査を実施することとしている自治体は約１割しかありません。

（例）

○○保健所		年　月　日時点

④提供食の把握

アクションカード

担 当	活動場所	活動内容
① 被災市区町村管理栄養士等、保健師	市区町村災害対策本部（○階 ○○室）	避難所等への提供食の状況を把握する避難所等への提供食の食事調査を実施し、エネルギー及び栄養量の評価を行う
② 保健所管理栄養士	○○課（食料調達担当）	
③ 応援管理栄養士等（行政,JDA-DAT）	（○階）保健所地域医療対策会議（○階○○室）避難所	

1. 災害発生！以下の事項を確認してください。

記入者　所属：○○保健所○○課　　　　氏名：○○○○

2. 被災市区町村に避難所が開設されました。避難所で提供される食事の状況を把握してください。

□ 被災市区町村の備蓄状況を地域防災計画又は○○○課（○○担当）より把握する。（裏面）

□ 現在の提供食の内容を市区町村災害対策本部又は○○課（担当課）より把握する。

□ 流通備蓄や不足食料の手配状況を市区町村災害対策本部又は○○課（担当課）より把握する。

□ 炊き出し又は弁当等の対応状況を市区町村災害対策本部又は○○課（担当課）より把握する。

□ 炊き出し又は弁当の対応を予定している市区町村○○課（担当課）に、適切なエネルギー及び栄養量を確保する観点から、献立作成基準等の助言を行う。

必要物品	保管場所
地域防災計画、関連計画（栄養・食生活支援）	○○○
管内市区町村担当課リスト	裏　面
避難所リスト	別　添

参考資料	保管場所
避難所における食事提供の計画・評価のために当面目標とする栄養の参照量（厚労省通知）	○○○
契約仕様書（例）、炊き出しルール（大規模災害時の栄養・食生活支援活動ガイドライン H31.3 日本公衆衛生協会　P91,P88）	○○○

3. 避難所等で提供される食事について調査してください。

□ 提供食が適切なエネルギー及び栄養量を確保できているのか把握するための調査の実施について、市区町村災害対策本部又は○○課（担当課）に承諾を得る。

□ 各避難所で提供される食事の1日分（朝・昼・夕）を調査する（別添避難所食事状況調査票）。

□ 調査結果をもとに、各避難所の提供食のエネルギー及び栄養価を算出する（算出方法：○○○へ調査票を提出、調査した管理栄養士・栄養士で算出等）。

□ 提供食のエネルギー及び栄養価の算出結果より、評価を行う（評価方法：○○○へ依頼、調査した管理栄養士・栄養士が実施　等）。

□ アレルギー疾患等の要配慮者に対応した食事を提供している場合、必要に応じ別途、要配慮者の食

事調査を併せて行う。

☐ 避難所以外の車中や自宅等で避難している住民について、必要に応じ別途、食事調査を行う（別添　在宅避難者等食事調査票）。

必要物品	保管場所
避難所食事状況調査票	別　添
在宅避難者等食事調査票	別　添
デジタルカメラ	〇〇〇
その他、場合により必要な物	**保管場所**
栄養価計算ソフト（パソコン）、食品成分表、電卓等	〇〇〇

4. 食事摂取状況の評価を行ってください。

☐ 食事調査票をもとに、避難所毎（必要に応じ、要配慮者、在宅避難者等）に算出したエネルギー及び各栄養素（〇〇〇、〇〇〇、〇〇〇、〇〇〇）摂取量について、日本人の食事摂取基準〇〇年版を用いて、過不足評価を行う（評価方法：：〇〇〇へ依頼、調査した管理栄養士・栄養士が実施　等）。

☐ 評価結果は資料としてまとめ、市区町村災害対策本部及び〇〇課（関係課）、都道府県庁へ報告する。

☐ 評価結果は必要に応じ、分かりやすい資料を作成し、被災住民へ啓発を行う（参考資料：全国保健所管理栄養士会ホームページ）。

必要物品	保管場所
避難所における食事提供の計画・評価のために当面目標とする栄養の参照量（厚労省通知）	〇〇〇
日本人の食事摂取基準〇〇版	〇〇〇

5. 役割分担を行ってください。

☐ 2から4の業務について、役割分担をする。

6. その他

☐ 避難所の提供食を把握する際、時間経過により内容が変化してくるため、EMIS の避難所情報から把握し、必要に応じ入力を行う。（EMIS 機関コード：〇〇〇〇〇〇　パスワード：〇〇〇〇〇）

☐ 食事調査の実施にあたり、本庁栄養主管課と連携の上、実施する。

☐ アセスメントを目的に食事調査を実施し、必要な支援を行った後、改善結果等の評価を目的に、必要に応じ再度、食事調査を実施する。

管内市区町村備蓄状況

市区町村名	所属名	備蓄品目	備蓄量	備蓄場所	流通備蓄 有　無	炊き出し有無 依頼先	弁当等提供有無 契約先
○○市	○○○課	○○○ ○○○	○○ ○○	○○ ○○			
○○町	○○○課	○○○ ○○○	○○ ○○	○○ ○○			
○○町	○○○課	○○○ ○○○	○○ ○○	○○ ○○			
○○村	○○○課	○○○ ○○○	○○ ○○	○○ ○○			

管内市区町村担当部署

市区町村名	食料調達担当	炊き出し担当	物資担当	○○○担当	○○○担当
○○市	○○○課	○○○課	○○○課	○○○課	○○○課
○○町	○○○課	○○○課	○○○課	○○○課	○○○課
○○町	○○○課	○○○課	○○○課	○○○課	○○○課
○○村	○○○課	○○○課	○○○課	○○○課	○○○課

本庁栄養主管課連絡先

都道府県名	所属名	担当者名	連絡先(TEL)	出勤状況
○○県	○○○課	○○	○○—○○○○	

在宅等避難者食事状況調査票

調査日 ①	西暦　　年　　月　　日（　　）	記入者 ②	あなたの所属A	□保健所₁　□市町村₂　□他自治体₃
				□栄養士会₄　□その他₅：
			氏名B	

在宅避難者名 ③		連絡先 ④	

住　所 ⑤	

対応してくれた方 ⑥	氏名A：	お立場B	□世帯主₁　□世帯員₂　□その他₃：

食事回数 ⑦	□0回₁　□1回₂　□2回₃　□3回₄／日	飲料水 ⑧	□なし₁　□不足（1人1日1.5L以下）₂　□十分₃

家族にいる要配慮者に☑ ⑨	□乳児A	不足しているものに☑	□乳児用ミルクa　□離乳食b　□その他c：
	□食物アレルギーB		□除去食品a（原因食品：　　　　　　　　　　　）
	□高血圧C		□減塩食a　□降圧剤b　□その他c：
	□糖尿病D		□低エネルギー食a　□内服薬b　□インスリンc　□その他d：
	□腎臓病E		□低たんぱく食a　□低カリウム食b　□薬c　□その他d：
	□摂食嚥下困難者F		□とろみ剤a　□お粥b　□やわらかいおかずc　□その他d：
	□妊婦及び授乳婦G　□その他H：		□要配慮者はいないI

使えるライフライン ⑩	□電気A	□上水道C
	□ガス（湯を沸かす）B	□買い出しに必要な車、道路D

家庭での食事状況について（　　月　　日）

区分	メニューB	食べたものに☑	食事確保の方法E（該当に☑）	食事を確保するための協力者がいるか（該当に☑）F
朝 ⑪A □自給：足りている₁ □自給：足りていない₂ □他者から提供あり₃ □他者から提供なし₄ □不明₅		□主食（ご飯／パン／麺）a □主菜（肉／魚／卵／大豆）b □副菜（野菜／きのこ／芋／海藻）（野菜ジュース等含む）c □牛乳・乳製品d □果物e	□備蓄食品（調理不要）a □生鮮食品（調理）b □支援物資（調理不要）c □支援物資（弁当、炊き出し）d □その他e：	□市町村a □自治会b □その他c： □協力者なしd □不明e
昼 ⑫A □自給：足りている₁ □自給：足りていない₂ □他者から提供あり₃ □他者から提供なし₄ □不明₅		□主食（ご飯／パン／麺）a □主菜（肉／魚／卵／大豆）b □副菜（野菜／きのこ／芋／海藻）（野菜ジュース等含む）c □牛乳・乳製品d □果物e	□備蓄食品（調理不要）a □生鮮食品（調理）b □支援物資（調理不要）c □支援物資（弁当、炊き出し）d □その他e：	□市町村a □自治会b □その他c： □協力者なしd □不明e
夜 ⑬A □自給：足りている₁ □自給：足りていない₂ □他者から提供あり₃ □他者から提供なし₄ □不明₅		□主食（ご飯／パン／麺）a □主菜（肉／魚／卵／大豆）b □副菜（野菜／きのこ／芋／海藻）（野菜ジュース等含む）c □牛乳・乳製品d □果物e	□備蓄食品（調理不要）a □生鮮食品（調理）b □支援物資（調理不要）c □支援物資（弁当、炊き出し）d □その他e：	□市町村a □自治会b □その他c： □協力者なしd □不明e
在庫の食料	家庭に残っている食品：　□足りている₁　□足りていない₂　□不明₃ 生鮮食品：　□足りている₁　□足りていない₂　□不明₃ 支援物資：　□足りている₁　□足りていない₂　□不明₃ 支援して欲しい食品や物資（　　　　　　　　　　　　　　　　　　　　　　）			

避難所食事状況調査票

調査日 ①	西暦　　　年　　月　　日（　）	記入者 ②	あなたの所属A	□保健所1　□市町村2　□他自治体3
				□栄養士会4　□その他5：
			氏名B	

避難所名 ③		避難所区分 ④	□指定1　□その他2：

避難者数 ⑤	避難者A：計（　　　　）人　？→【□〜50人1　□51〜100人2　□101〜150人3　□151〜500人4　□501人〜5】 在宅避難者等、食事だけ取りにくる人の食数B：（　　　　）食

対応してくれた方 ⑥	氏名A：	お立場B	□避難所責任者1　□食事提供責任者2　□その他3：

食事提供回数 ⑦	□0回1　□1回2　□2回3　□3回4／日	飲料水 ⑧	□なし1　□不足（1人1日1.5L以下）2　□十分3

避難所にいる要配慮者に☑ 人数把握が難しい場合は☑のみでOK	□乳児A　　　　人	不足しているものに☑	□乳児用ミルクa　□離乳食b　□おむつc　□その他d：
	□食物アレルギーB　　人		□7品目除去食a　□7品目以外の原因食品b：
	□高血圧C　　　　人		□減塩食a　□降圧剤b　□その他c：
	□糖尿病D　　　　人		□エネルギー調整食a　□内服薬b　□インスリンc　□その他d：
	□腎臓病E　　　　人		□低たんぱく食a　□低カリウム食b　□薬c　□その他d：
	□摂食嚥下困難者F　人		□とろみ調整食品a　□嚥下調整食b　□その他c：
	□妊婦及び授乳婦G　人		
	□その他H：		
⑨	□要配慮者はいないI		

使えるライフライン ⑩	□電気A	□上水道D
	□ガス（湯を沸かす）B	□下水道E
	□車による人や物のアクセスC	□プールの水F

避難所で提供している一般の食事について					左の食事への以下の団体・職種の関与（該当に☑）F
区分	メニューB	量C	食事区分D（あったものに☑）	食事提供方法E（該当に☑）	
朝　⑪A □足りている1 □足りていない2 □提供なし3 □不明4			□主食（ご飯／パン／麺）a □主菜（肉／魚／卵／大豆）b □副菜（野菜／きのこ／芋／海藻）（野菜ジュース等含む）c □牛乳・乳製品d □果物e	□炊き出しa □弁当b □支援物資（調理不要）c □備蓄品（調理不要）d □その他e：	□自衛隊a □栄養士b □その他c： □いずれも関与せずd □不明e
昼　⑫A □足りている1 □足りていない2 □提供なし3 □不明4			□主食（ご飯／パン／麺）a □主菜（肉／魚／卵／大豆）b □副菜（野菜／きのこ／芋／海藻）（野菜ジュース等含む）c □牛乳・乳製品d □果物e	□炊き出しa □弁当b □支援物資（調理不要）c □備蓄品（調理不要）d □その他e：	□自衛隊a □栄養士b □その他c： □いずれも関与せずd □不明e
夜　⑬A □足りている1 □足りていない2 □提供なし3 □不明4			□主食（ご飯／パン／麺）a □主菜（肉／魚／卵／大豆）b □副菜（野菜／きのこ／芋／海藻）（野菜ジュース等含む）c □牛乳・乳製品d □果物e	□炊き出しa □弁当b □支援物資（調理不要）c □備蓄品（調理不要）d □その他e：	□自衛隊a □栄養士b □その他c： □いずれも関与せずd □不明e
間食、菓子類アルコール等 ⑭					

避難所食事状況調査票

環境・衛生面	保冷設備（冷蔵庫）A	□有り1　　□有りだが使用不可2　　□無し3
	調理者の手洗いB　現状に☑	□アルコール消毒a　　□流水洗浄b　　□不明c
	喫食者の手洗いC　現状に☑	□アルコール消毒a　　□流水洗浄b　　□不明c
	トイレD　使用可に☑	□元のトイレa　□仮設トイレ（　　　）基b　　□ポータブル（　　　）基c
	土足禁止エリアE に☑	□調理スペースa　　□避難スペースb　　□不明c
	使える炊き出し資源F に☑	□調理器具a　　　　　　　　　　□人手d □スペースb　　　　　　　　　　□食材e □熱源c（カセットコンロ・ガスボンベ等）　□その他f：
⑮	欲しい電気調理器具G に☑	□電子レンジa　□電気ポットb　□その他c：

被災者の身体・口腔状況	身体・口腔状況に問題がある人 A	□いる（下のリストへ）1　　□いない2　　□不明3
	該当者B に☑	□風邪、熱など体調不良a　　　　□エコノミークラス症候群ハイリスク者f □下痢、便秘、嘔吐などb　　　　□皮膚症状g（アトピー性皮膚炎等） □感染症c（インフルエンザ・ノロウィルス・破傷風など）　□口内炎h □ぜんそくd　　　　　　　　　　□不眠i □食欲不振e　　　　　　　　　　□その他j：
⑯	その他身体・口腔状況（自由記述）C	

気が付いたこと	利用可能な人材A （助産師、調理員、手話通訳者など）	
⑰	その他B （宗教上のタブーがある人やその他問題点など）	

その他支援物資	不足しているものA	
⑱	余っているものB	

【チェックボックス（□）の下付き文字】
アルファベット⇒複数回答可の選択肢、数字⇒択一式の選択肢

公益社団法人　日本栄養士会作成

☐ （4）要配慮者の把握

要配慮者の把握	フェーズ0 概ね発災後24時間以内	フェーズ1 概ね発災後72時間以内	フェーズ2 避難所対策が中心の時期
避難所等	☐ 1 被災者の把握 （性、年齢、疾病状況、アレルギー状況、妊産婦の有無）	☐ 2 提供食を食べられない者の把握 ☐ 3 要配慮者の食事調査（エネルギー及び栄養価の算定）	☐ 4 要配慮者の栄養量評価（エネルギー・栄養素の評価）

・災害時に被災住民の栄養・食生活支援について特別な支援が必要な対象は、摂食嚥下困難者、疾病による食事制限がある者、食物アレルギーを持つ者、乳児、妊産婦である。

・避難所等の受付時に、要配慮者を把握するための項目を追加で設定して把握する。また、避難所以外に避難している住民についても、なるべく把握を行う。【市町村・保健所】

・避難生活の長期化が予測される場合は、バランスのとれた食事の提供が必要となるため、提供されている食事内容の確認を行い、エネルギー及び栄養価の算定をもとに、過不足する栄養素の補給が必要である。なお、提供食のエネルギー及び栄養価の算定は、専門職である管理栄養士又は栄養士による実施を管轄保健所に要請する。【市町村・保健所】

TOPIC

要配慮者への支援事例（JDA-DAT）

　災害が発生し、避難所や在宅において避難生活を余儀なくされる中、特別な支援が必要な要配慮者には栄養や食生活上の問題が生じる。その解決に向けて支援等の活動を行うのが、栄養の専門職である管理栄養士・栄養士である。日本栄養士会では、東日本大震災の教訓を受けて、管理栄養士・栄養士を大規模自然災害発生時に迅速に被災地に派遣し、栄養と食生活の支援活動を行うため、日本栄養士会災害支援チーム[1] JDA－DAT を2012 年に立ち上げ、これまでの様々な災害現場で活動してきた。これら JDA-DAT の初動時の体制は、行政からの協力要請を受け、医療救護班等に帯同、連携し活動を行う。被災地（避難所等）でのハイリスクアプローチとしての栄養アセスメントの実施や栄養相談支援、支援物資の調達、搬送、在宅での避難生活者への情報・支援物資の提供等を主に行っている。

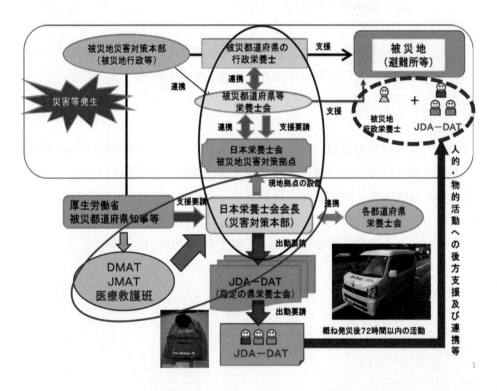

図　ＪＤＡ－ＤＡＴの初動時の体制

1)日本栄養士会災害支援チームとは、「災害発生地域等において栄養と食に関する支援活動ができる専門的トレーニングを受けた栄養支援チーム」である。The **J**apan **D**ietetic **A**ssociation - **D**isaster **A**ssistance **T**eam　の頭文字をとって略して**JDA-DAT**（ジェイディエー・ダット）という。災害支援管理栄養士等2～3名と被災地管理栄養士等 1 名で構成され、国内外で大規模災害が発生した地域において、避難所、施設、自宅、仮設住宅等で被災者（特に要配慮者）に対する支援活動を行う。

（例）

○○保健所		年　月　日時点

⑤要配慮者の支援

アクションカード

	担当	活動場所	活動内容
①	被災市区町村管理栄養士等、保健師	市区町村担当課（○階）	各避難所で普通の食事を食べられない要配慮者を把握する
②	保健所管理栄養士	保健所地域医療対策会議（○階○○室）避難所等	要配慮者に提供可能な食料を確保し、提供する
③	応援管理栄養士等（行政、JDA-DAT）		各避難所で提供する食事のアレルギー表示を行う要配慮者への栄養相談を実施する

1. 災害発生！以下の事項を確認してください。

記入者　所属：○○保健所○○課　　　　氏名：○○○○

2. 被災市区町村に避難所が開設されました。各避難所の要配慮者の状況を把握してください。

☐　把握が必要な要配慮者の選定を行う。

避難者の食事で特別な支援が必要な対象（例）

☐　乳児（母乳、粉ミルク、特殊ミルク、離乳食）

☐　妊産婦

☐　摂食・嚥下困難者（高齢者、障がい者含む）

☐　食物アレルギー疾患者

☐　食事制限がある慢性疾患者（糖尿病、高血圧、腎疾患等）

☐　経管栄養（胃瘻、鼻腔）

☐　身体・知的・精神障害者

☐　宗教等の理由で食べられない食品がある者（外国人等）

☐

☐

☐　各避難所に避難している要配慮者について、保健師等と連携し、市区町村○○課（担当課）又は避難所から情報を把握する（別添避難所食事状況調査票に記録）。

☐　避難所で把握できていない場合は、避難所の受付時に把握してもらうよう依頼する（別添避難者集計表）。

☐　EMIS の避難所情報に要配慮者情報が掲載されていないか把握し、必要であれば入力を行う。
（EMIS 機関コード：○○○○○○　パスワード：○○○○○）

参考資料	保管場所
避難所集計表（大規模災害時の栄養・食生活支援活動ガイドライン H31.3 日本公衆衛生協会 P81）	別　添
避難所食事状況調査票（大規模災害時の栄養・食生活支援活動ガイドライン H31.3 日本公衆衛生協会 P86）	別　添
避難所の良好な生活環境の確保に向けた取組指針（H25.8 内閣府）	○○○

3. 要配慮者への提供食の状況を把握し、必要な支援を行ってください。

☐ 要配慮者に配慮した食事が提供できているのか、避難所から情報を把握する（別添避難所食事状況調査票に記録）。

☐ 備蓄食品や支援物資の中から、要配慮者に適した食品がないか確認し、不足する場合は、都道府県庁〇〇課（担当課）へ迅速に物資を要請する。

☐ 必要であれば、都道府県庁〇〇課（担当課）へ特殊栄養食品ステーション（JDA-DAT）の設置を依頼する。

☐ アレルギー疾患者に対し、提供する食事にアレルギー食品が含まれているのか、本人又は家族が確認、選択できるよう、献立や使用されている原材料の情報提供方法について、市区町村〇〇課（担当課）及び避難所運営責任者と協議し、提供する（確認及び提供方法：誰がどこにどのように行うのか）。

☐ 炊き出し又は弁当等の提供において、〇〇（調理を担当する業者又は団体）に対し、食物アレルギーの対応について協議する。調理段階での原因食品の混入や加工食品の原因食品の確認、配膳ミスを防ぐ方法について指示を行う。

4. 要配慮者へ個別支援を行ってください。

☐ アレルギー疾患者又は家族に対し、避難所等で提供される食事について、アレルギー原因食品が含まれているのか確認するよう伝える。

☐ 避難所等で提供される加工食品について、特定原材料（7 品目）以外のアレルギー原因食品がある場合は、本人又は家族に別途確認するよう伝える（確認方法：避難所担当者に尋ねる、製造者に電話で尋ねる等）。

☐ アレルギー原因食品が除去された食事を摂取することで、栄養素摂取量が不足する可能性がある場合は、代替食品の摂取等について助言する。

☐ 疾患により食事制限がある避難者に対し、かかりつけ医又は医師の指示のもと避難生活での食事のとり方について助言する（別添栄養・食生活相談票）。

☐ 要配慮者への個別支援を行った結果を報告書に記載し、保健所管理栄養士へ提出する（別添支援活動記録票）。

☐ 支援結果はとりまとめ、市区町村災害対策本部及び〇〇課（担当課）、都道府県庁へ報告する。

参考資料	保管場所
栄養・食生活相談票（大規模災害時の栄養・食生活支援活動ガイドライン H31.3 日本公衆衛生協会 P96）	別 添
支援活動記録票（大規模災害時の栄養・食生活支援活動ガイドライン H31.3 日本公衆衛生協会 P98）	別 添

5. 役割分担を行ってください。

☐ 2から4の業務について、役割分担をする。

6. その他

☐ 要配慮者への提供食が適切なエネルギー及び栄養量を確保できているのか把握するため、必要に応じ食事調査を実施する（④提供食の把握のアクションカード）。

☐ 疾患をもつ被災者が自己の身体と疾病に応じた食事療法を継続できるように、本人の疾病改善意欲

を高め、自立できるよう助言する。
□　食事制限のある疾患をもつ被災者に対する栄養相談は、頻度をもって巡回し、食欲、睡眠、疲労、排便など食生活状況を確認するとともに、必要な食事療法が実施されているかを医師や保健師等と連携し確認する。

本庁栄養主管課連絡先

都道府県名	所属名	担当者名	連絡先(TEL)	出勤状況
○○県	○○○課	○○	○○—○○○○	

様式例

避難者集計表

避難所名

個人No.	世帯No.	フリガナ 氏名	性別	年齢	入所年月日	退所年月日	健康な者	災害時要配慮者						アレルギーの有無	食事制限の有無	その他（　）	備考
								高齢者（75歳以上）	障がい者	けが・疾病療養者	乳幼児	妊産婦					

【参考：岡山県総社市】

栄養・食生活相談票

相談日　　　年　　月　　日（　曜日）

避難所等名：＿＿＿＿＿＿＿＿＿＿＿

ふりがな 氏名		生年 月日	明・大・昭・平	元の 住所	被災前の居住地
既往歴		治療状態	医療機関名＿＿＿＿＿＿＿＿＿＿ 主治医＿＿＿＿＿＿＿＿＿＿ 現在の服薬状況（　中断・継続　） 薬品名＿＿＿＿＿＿＿＿＿		
生活習慣	□ 全日避難所生活 □ 昼間は仕事 　被災場所片づけ □ ＿＿＿＿＿	身体状況	※無理な聞取りはしない 身長　　　ｃｍ 体重　　　ｋｇ	普段の血圧	※無理な聞取りはしない 収縮時　　　mm Hg 拡張時　　　mm Hg
身体自覚症状	□ 頭痛、頭重 □ 不眠 □ 倦怠感、疲労感 □ 吐き気 □ めまい □ 動悸、息切れ □ 肩凝り □ 関節、腰痛 □ 目の症状 □ せき、たん □ ＿＿＿＿＿	栄養欠乏症状	□ 体重減少 □ 口内炎 □ 口角炎 □ 皮膚のあれ □ 疲労感 □ 貧血症状 □ 便秘 □ 下痢 □ 頻尿 □ ＿＿＿＿＿	食事等の状況	避難所の食事提供状況 朝 □炊出し □他 昼 □炊出し □他 夕 □炊出し □他 食欲　□有　□無 食事制限　□有　□無 内容＿＿＿＿＿ 水分摂取　□良好　□不足
相談内容					
指導内容					

栄養・食生活支援ニーズの判断

□①栄養指導支援が必要（□継続　□随時　□特別用途食品等提供　　　　　）

□②提供する食事に配慮が必要（□離乳食　□アレルギー対応食　□慢性疾患　□嚥下困難）

□③特に指導の必要はなし（一般的な食事提供で可能）

⇒上記①②について、駐在する避難所職員に連絡　職名：　　　氏名：

栄養・食生活相談票（経過要旨）

避難所		ふりがな 氏名		No.
月　日	相談内容		指導内容	担当者

様式例

実施報告書

| 表面 | | | | | | | | | | | | | | NO. 1 |

栄養・食生活支援実施報告書（日報まとめ）

【地区名】　　　　　平成　　年　月　日（　　）　　　　　担当者（　　　　　　　　）

避難所・仮設住宅・訪問地区等名	相談延べ人数	相談内容（延べ件数）												避難所の状況（食事内容・回数・調理の状況・問題点・国への伝達事項）
		母子			生活習慣病			疾患			その他				
		離乳食・幼児食	アレルギー	母性	高血圧	糖尿病	その他	かぜ	慢性疾患	その他	高齢者	嚥下困難	便秘	下痢	その他	
名称【　　】 栄養士氏名（　　）															
避難所名 栄養士氏名（　　）															
避難所名 栄養士氏名（　　）															
避難所名 栄養士氏名（　　）															
避難所名 栄養士氏名（　　）															
計															

＊相談延べ人数、内訳（重複可）を記載してください。

裏面　　　　　　　　　　　　　　　　　　　　　　　　　　　　　No. 2

担当者　（　　　　　　　　　　）

◆現地の状況

◆派遣管理栄養士　1日の栄養・食生活支援活動内容

時間	活動場所	活動内容	特記事項

＊活動開始から終了までの1日の活動内容を記載してください。

◆現地栄養関係スタッフの状況

◆現地担当（県担当者）へ連絡した事項→特記事項として全体報告に反映されます

◆本庁担当課への連絡事項

◆明日の予定

◆特記事項

□ **（５）特定給食施設等に対する支援（保健所）**

特定給食施設等への支援	フェーズ０ 概ね発災後 24 時間以内	フェーズ１ 概ね発災後 72 時間以内	フェーズ２ 避難所対策が中心の時期
被災状況	□ 1 被災状況の把握 （厨房設備、ライフライン） □ 2 給食提供状況の把握（可否、内容、食料・調理従事者確保）	□ 1 被災状況の把握 （厨房設備、ライフライン） □ 2 給食提供状況の把握（経過）	
調整・支援	□ 3 他施設等との連携（協定）状況の把握	□ 4 給食提供困難施設への支援調整（食料・調理従事者）	□ 5 要配慮者への食事支援の依頼（必要時） □ 6 通院（通所）者への栄養指導依頼

・医療機関の損壊及び復旧状況の把握は EMIS を活用し、多機関の状況把握は関係課と連携のうえ、把握する。【保健所】

・給食提供の際に、被災した施設から支援の要請があった場合は、管内の他施設に対して支援依頼や調整を行う。【保健所】

・管内の施設間で支援が行えない場合、災害対策本部及び本庁との調整により、必要な支援の手配・調整を行う。【保健所】

・厨房の被害があった施設に対し、食中毒防止対策のため、食品衛生監視員と同行して巡回することが望ましい。【保健所】

・被災していない給食施設に対し、必要に応じ、一般被災住民の食支援のための炊き出しや要配慮者向けの食事提供等の実施要請を行う。【保健所】

・各施設の通所（通院）者において、被災により通常の食事がとれない等の状況を踏まえ、適切な栄養管理のための栄養指導の実施要請を行う。【保健所】

（例）

○○保健所		年　月　日時点

②特定給食施設等の支援

アクションカード

	担　当	活動場所	活動内容
①	保健所管理栄養士又は職員	保健所地域医療対策会議（○階○○室）	管内の特定給食施設等の被災状況を把握する 被災施設から給食提供に関する支援要請があった場合は、支援を行う
②	応援管理栄養士等（行政）	特定給食施設等	必要に応じ、被災していない給食施設に対し被災者の支援要請を行う

1. 災害発生！以下の事項を確認してください。

記入者　所属：○○保健所○○課　　　　　氏名：○○○○

2. 管内特定給食施設等の被災状況を把握してください。

☐　医療機関の被災状況は、EMIS の医療機関情報に情報が掲載されていないか把握し、必要であれば入力を行う。（EMIS 機関コード：○○○○○○　パスワード：○○○○○）

☐　医療機関や老人福祉施設、児童福祉施設等、施設の種類により平常時の主管課と連携し、被災状況の収集の際、給食の提供状況についてあわせて収集してもらうよう依頼する（様式：ガイドラインP80）。

（医療機関担当者：○○○○　　老人福祉施設担当者：○○○○　児童福祉施設担当者：○○○○）

☐　都道府県立学校、市区町村立学校等の被災状況については、管轄教育事務所又は○○○に確認し、被災状況や給食の提供状況について確認する。

必要物品	保管場所
地域防災計画、関連計画（栄養・食生活支援）	○○○
管内特定給食施設等の備蓄状況一覧	裏　面
管内特定給食施設等リスト	別　添

参考資料	保管場所
被災情報一覧（大規模災害時の栄養・食生活支援活動ガイドライン H31.3 日本公衆衛生協会　P32、59、60、80）	○○○

3. 被災した特定給食施設等に対し、必要な支援を行ってください。

☐　備蓄食材や従事スタッフ等の不足により給食提供が困難な施設に対し、系列の施設や同類の施設協会や管轄市区町村災害対策本部等からの支援が求められないか確認する。どこからの支援も難しい場合は、管内で被災していない給食施設に支援を要請する。

☐　厨房施設や食材入手等、復旧の見込みについて期限を要すると判断される場合は、非常時の献立を見直し、提供回数の削減等の対応について助言する。

☐　管内の給食施設間で支援が行えない場合、本庁主管課へ必要な支援の手配・調整を行う。

☐　水等のライフラインが停止した中で給食を提供する施設に対し、食中毒防止のため、必要に応じ食品衛生監視員と同行して巡回指導を行う。

4. 役割分担を行ってください。

☐ 2. および3. の業務について、役割分担をする。

5. その他

☐ 必要に応じ、被災していない給食施設に対し、被災者への食支援のための炊き出しや要配慮者向けの食事提供等の実施要請を行う。

☐ 避難所等で生活する要配慮者の栄養管理について、必要に応じ、栄養相談等の実施要請を行う。

管内特定給食施設等の備蓄状況一覧

施設名	施設種類	住所	連絡先 担当者名	E-mail	平常時の非常食備蓄 状況（人数、日数）	可能な栄 養・食生活 支援
○○○○○	○○○	○○○○	○○—○○ ○○○		○人　○日分 職員食　○食	人的支援 食材支援 施設支援
○○○○○	○○○	○○○○	○○—○○ ○○○		○人　○日分 職員食　○食	人的支援 食材支援 施設支援
○○○○○	○○○	○○○○	○○—○○ ○○○		○人　○日分 職員食　○食	人的支援 食材支援 施設支援

本庁栄養主管課連絡先

都道府県名	所属名	担当者名	連絡先(TEL)	E-mail	出勤状況
○○県	○○○課	○○	○○—○○○○		

被災情報（特定給食施設、その他施設）一覧例

保健所名 _____

施設名	施設利用者			被災状況							備考
	入所	その他	計	建物破損	ライフライン ○：使用可 ×：使用不可			調理施設の破損		食事提供	
				有・無	ガス	電気	水道	有・無	具体的な内容	有・無	
				有・無				有・無		有・無	
				有・無				有・無		有・無	
				有・無				有・無		有・無	
				有・無				有・無		有・無	
				有・無				有・無		有・無	
				有・無				有・無		有・無	
				有・無				有・無		有・無	
				有・無				有・無		有・無	
				有・無				有・無		有・無	
				有・無				有・無		有・無	
				有・無				有・無		有・無	
				有・無				有・無		有・無	

□　（６）生活の場に合わせた被災者支援

生活の場	フェーズ1 概ね発災後 72 時間以内	フェーズ2 避難所対策が中心の時期	フェーズ3 避難所から概ね 仮設住宅までの期間
避難所 福祉避難所 軒先（自宅等） 車中泊 野外（テント等）	□ 1 エネルギー確保に必要な食料の提供（備蓄、支援物資）	□ 3 エネルギー及び栄養量の確保に必要な食事提供 □ 4 要配慮者の栄養量確保に有用な食料の提供 □ 5 個別栄養相談の実施 □ 6 要配慮者の栄養相談引継ぎ（かかりつけ医、管理栄養士）	□ 7 自助によるエネルギー及び栄養量の確保に必要な情報提供 □ 8 要配慮者自身によるエネルギー及び栄養量の確保に必要な情報提供
	□ 2 食料及び提供食の衛生的な保管	□ 2 食料及び提供食の衛生的な保管	
みなし仮設 仮設住宅			□ 9 食材入手、調理場の状況把握 □ 10 自助によるエネルギー及び栄養量の確保に必要な情報提供 □ 11 要配慮者自身によるエネルギー及び栄養量の確保に必要な情報提供 □ 12 仮説住宅での健康教育の検討・企画

・各避難所の提供食の調査結果をもとに、エネルギー及び栄養素摂取量の不足がみられた場合は、市町村災害対策本部又は食料供給の担当主管課と連携し、本庁の担当課へ迅速に物資を要請し、被災者へ提供する。【市町村・保健所】

・炊き出し又は弁当による食事提供の場合、献立の改善によりエネルギー及び栄養素摂取量の適正化が図られると判断した場合は、市町村災害対策本部又は担当主管課と連携し、炊き出し又は弁当提供担当者に対し、改善に向けた助言を行い、適切なエネルギー及び栄養量の食事を提供する。【市町村・保健所】

・地域の量販店等の復旧状況を踏まえ、必要に応じ、被災住民に対し、適切なエネルギー及び栄養量確保のために補充したい食品の購入等について助言を行う。【市町村・保健所】

・要配慮者の食事調査結果をもとに、エネルギー及び栄養素摂取量の不足がみられた場合は、市町村災害対策本部又は食料供給の担当主管課と連携し、本庁の担当課へ迅速に物資を要請し、被災者へ提供する。なお、栄養特殊食品の手配については、本庁及び日本栄養士会（JDA-DAT）と調整する。【市町村・保健所】

・要配慮者において、避難所等で提供される食事を食べられない場合は、個人の症状にあわせ、食事の選択や補充について、日本栄養士会（JDA-DAT）と連携し、助言を行う。【市町村・保健所】

・避難所等での食事提供の際に、食中毒予防の観点から、食品衛生監視員と連携し、衛生的な保管に必要な機器や保管方法について手配・助言を行う。【市町村・保健所】

・大規模災害では、多くの住民が、避難所だけでなく、自宅や車中泊、野外等、様々な場所で避難する状況がみられることから、避難者の所在と支援ニーズの全体像を迅速に把握する必要がある。【市町村・保健所】

TOPIC

特殊栄養食品ステーションの活動事例（JDA-DAT）

　東日本大震災において、全国から様々な支援物資が被災地の自治体等へ届けられた。その中には、要配慮者が必要とする食物アレルギー対応食品や栄養剤、介護食、とろみ剤等の特殊栄養食品も含まれていた。しかしながら支援物資の適切な仕分けや搬送等が行われなかったため、多くの物資の中に特殊栄養食品が紛れ込んでしまい、それらを必要とする要配慮者へ、必要な物資を速やかに届けることが困難であった。その問題を解消するために、日本栄養士会では行政と連携し、被災地内の拠点に特殊栄養食品を提供する「特殊栄養食品ステーション」を設置した。物資の調達から仕分け、在庫管理、配送などをＪＤＡ－ＤＡＴの管理栄養士・栄養士が担当し、栄養アセスメントを実施し、速やかに必要な物資を提供することで、要配慮者への個別対応を円滑に実施することで、災害時のニーズへの対応や適切な栄養管理を行うことが可能となった。

特殊栄養食品ステーションの取り組み（熊本地震の例）

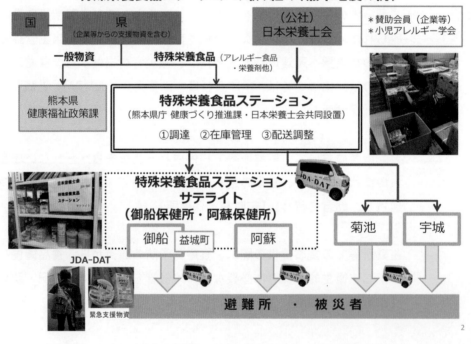

TOPIC

災害時の栄養情報ツール：一般向けリーフレット & 専門家向け解説
（国立健康・栄養研究所・日本栄養士会）

　避難生活を少しでも元気に過ごすための 一般向け資料として、4種類のリーフレットを公開している。

さらに、管理栄養士・栄養士等の専門職のために、支援に必要となる情報を専門家向け解説としてエビデンスに基づき説明している。

https://www.nibiohn.go.jp/eiken/disasternutrition/info_saigai.html

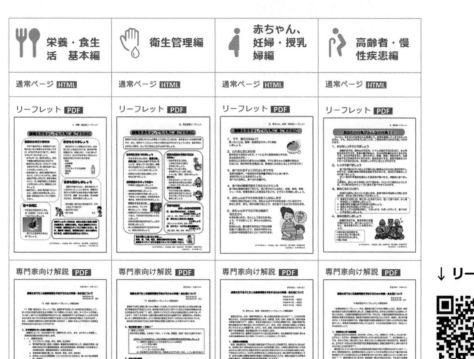

↓ リーフレット

TOPIC

海外の方への支援
外国語版リーフレット（国立健康・栄養研究所）

　日本語が通じない方も災害時の要配慮者であり、栄養・食生活においても困難な状況となる。

　東日本大震災において、食事状況が良好でなかった避難所をナラティブに解析したところ、外国人だけで生活していた避難所が抽出されていた（笠岡（坪山）ら、日本災害食学会誌　2014)。

　そのため、国立健康・栄養研究所では海外の方にむけた6カ国語リーフレット（英語、スペイン語、タガログ語、韓国語、ベトナム語、中国語）も公開している。

https://www.nibiohn.go.jp/eiken/disasternutrition/info_saigai_global.html

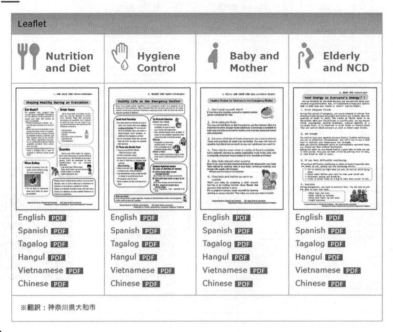

⇩ **Leaflet**

（例）

| ○○保健所 | | 年　月　日時点 |

⑦被災者の支援
（栄養相談、健康教育等）

アクションカード

担当	活動場所	活動内容
①被災市区町村管理栄養士等、保健師	市区町村担当課 保健所地域医療対策会議 （OF○○室） 避難所等	避難所等で提供する食事の評価結果をもとに、喫食状況や体調等をふまえ、栄養相談を行う。 量販店等の復旧にあわせて、自助による不足しがちな栄養素の補給方法等を助言する。
②保健所管理栄養士		
③応援管理栄養等 （行政、JDA-DAT）		

1. 災害発生！以下の事項を確認してください。

記入者　所属：○○保健所○○課　　　　氏名：○○○○

2. 被災市町村に避難所が開設されました。提供食の状況を確認してください。

☐　アクションカード（④提供食の把握）をもとに、提供食の食事摂取状況の評価結果を確認する。

　　【確認事項（例）】

　　・　避難所等に避難している被災者全員へ食事提供できているか

　　・　提供されている食事はエネルギー及び栄養量の過不足がないか

　　・　提供されている食事は残食なく摂取されているか

　　・　アクションカード（⑤要配慮者の支援）で把握された要配慮者の食事が十分に摂取されているか

3. 役割分担を行ってください。

☐　2．で把握できていない内容の確認や結果から、要配慮者や食事制限がある避難者に対し、かかりつけ医又は医師の指示のもと避難生活での食事のとり方について助言をするため、JDA-DAT 及び応援行政管理栄養士等で役割分担を行う（⑤要配慮者の支援チームと連携）。

　　（参考）⑤要配慮者の支援のカード

4. 避難者の巡回栄養相談を実施してください。

☐　個別支援において、必要に応じ栄養補助食品を配布する場合は、使用量や使用方法、用途を適切に説明する。

☐　地元の量販店等の復旧状況を踏まえ、必要に応じ被災者に対し適切なエネルギー及び栄養量等確保のために補充したい食品の購入等について助言する。

参考資料	保管場所
栄養・食生活相談票（大規模災害時の栄養・食生活支援活動ガイドライン H31.3 日本公衆衛生協会　P96）	○○○
避難所の良好な生活環境の確保に向けた取組指針（H25.8 内閣府）	○○○
普及啓発・健康教育媒体（全国保健所管理栄養士会ホームページ）	

<u>**5. 巡回栄養指導した結果を報告し、情報共有を行ってください。**</u>

☐ 栄養相談結果を実施報告書（別紙）に記録し、保健所管理栄養士へ報告する。

☐ 保健所管理栄養士は、報告を受けたら、状況を分析し、必要な支援について関係者へ助言する。

☐ 栄養相談を対応する管理栄養士等は交代制となるので、特に継続的な支援が必要なケースは引き継ぎを行う。

<u>**5. 災害発生から時間がたったら・・・**</u>

☐ 避難生活が長期化すると、自立した食事づくりの意欲低下等を解消するため、食生活改善推進員等と連携し、調理実習等の機会を提供する。

☐ 仮設住宅を巡回し、共通課題等について、健康教育を行う。

本庁栄養主管課連絡先

都道府県名	所属名	担当者名	連絡先(TEL)	出勤状況
○○県	○○○課	○○	○○—○○○○	

都道府県栄養士会連絡先

所属名	担当者名	連絡先(TEL)	備考
	○○	○○—○○○○	

栄養・食生活相談票

相談日　　　　年　　　月　　　日（　　曜日）

避難所等名：＿＿＿＿＿＿＿＿＿＿＿＿＿

ふりがな　氏名		生年月日	明・大・昭・平	元の住所	被災前の居住地

| 既往歴 | | 治療状態 | 医療機関名＿＿＿＿＿＿＿＿＿＿＿＿＿＿＿＿＿
主治医＿＿＿＿＿＿＿＿＿＿＿＿＿＿＿＿＿＿＿＿＿
現在の服薬状況（　中断・継続　）
薬品名＿＿＿＿＿＿＿＿＿＿＿＿＿＿＿＿＿＿＿＿ | | |

| 生活習慣 | □　全日避難所生活
□　昼間は仕事
　　被災場所片づけ
□＿＿＿＿＿＿＿＿ | 身体状況 | ※無理な聞取りはしない
身長　　　　　　cm
体重　　　　　kg | 普段の血圧 | ※無理な聞取りはしない
収縮時　　　　　mm Hg
拡張時　　　　　mm Hg |

| 身体自覚症状 | □　頭痛、頭重
□　不眠
□　倦怠感、疲労感
□　吐き気
□　めまい
□　動悸、息切れ
□　肩凝り
□　関節、腰痛
□　目の症状
□　せき、たん
□＿＿＿＿＿＿＿ | 栄養欠乏症状 | □　体重減少
□　口内炎
□　口角炎
□　皮膚のあれ
□　疲労感
□　貧血症状
□　便秘
□　下痢
□　頻尿
□＿＿＿＿＿＿＿ | 食事等の状況 | 避難所の食事提供状況
朝　□炊出し　□他
昼　□炊出し　□他
夕　□炊出し　□他
食欲
　　□有　　　□無
食事制限
　　□有　　　□無
　内容＿＿＿＿＿＿
水分摂取
　　□良好　□不足 |

相談内容	
指導内容	

栄養・食生活支援ニーズの判断

□①栄養指導支援が必要（□継続　□随時　□特別用途食品等提供　　　　　　　　　　　　　）

□②提供する食事に配慮が必要（□離乳食　□アレルギー対応食　□慢性疾患　□嚥下困難　）

□③特に指導の必要はなし（一般的な食事提供で可能）

⇒上記①②について、駐在する避難所職員に連絡　職名：　　　　　氏名：

栄養・食生活相談票（経過要旨）

避難所		ふりがな 氏名		No.
月　日	相談内容		指導内容	担当者

実施報告書

表面															NO. 1

栄養・食生活支援実施報告書（日報まとめ）

【地区名】		平成　年　月　日（　　）												担当者（　　　　　　　　　　）	

避難所・仮設住宅・訪問地区等名	相談延人数	相談内容（延べ件数）												避難所の状況 （食事内容・回数・調理の状況・問題点・国への伝達事項）
		母子			生活習慣病			疾患			その他				
		離乳食・幼児食	アレルギー	母性	高血圧	糖尿病	その他	かぜ	慢性疾患	その他	高齢者	嚥下困難	便秘	下痢	その他	
名称 【　　】 栄養士氏名 （　　）															
避難所名 栄養士氏名 （　　）															
避難所名 栄養士氏名 （　　）															
避難所名 栄養士氏名 （　　）															
避難所名 栄養士氏名 （　　）															
計															

＊相談延べ人数、内訳（重複可）を記載してください。

裏面

担当者　（　　　　　　　）　No. 2

◆現地の状況

◆派遣管理栄養士　１日の栄養・食生活支援活動内容

時間	活動場所	活動内容	特記事項

＊活動開始から終了までの１日の活動内容を記載してください。

◆現地栄養関係スタッフの状況

◆現地担当（県担当者）へ連絡した事項→特記事項として全体報告に反映されます

◆本庁担当課への連絡事項

◆明日の予定

◆特記事項

□　（7）健康な食に関する普及啓発・健康教育

フェーズ0	フェーズ1	フェーズ2	フェーズ3
概ね発災後 24時間以内	概ね発災後 72時間以内	避難所対策が 中心の時期	避難所から概ね 仮設住宅までの期間
□ 1 食料入手に関する情報発信 □ 2 提供食の衛生管理に関する啓発（被災者向け）	□ 3 食料入手に関する情報発信（要配慮者向け） □ 4 炊き出しルールの啓発（栄養量確保、食品衛生）	□ 5 避難所等での提供食の不足栄養量を補足するため協力依頼（弁当業者、飲食店、スーパー等） □ 6 要配慮者の病態にあわせた食事のとり方の啓発	□ 7 仮説住宅近辺の食料調達に係る情報発信 □ 8 健康情報誌発行等による啓発

・災害時には、被災者への食事提供だけでなく、栄養不足や体調不良等の改善のための情報発信や普及啓発を行う。【市町村・保健所】

・発災後は、職員の業務が増大し、また啓発資料作成にパソコンやプリンターが使えない等、資料作成が困難になることも想定されるため、平常時に啓発資料等を作成し、すぐに活用できるようにしておく。【市町村・保健所】

・避難生活が長期化すると、自立した食事づくりへの意欲低下等を解消するため、食生活改善推進員等と連携し、調理実習等の機会を作り、仮設住宅での健康な食生活を支援する。【市町村】

TOPIC

食料品の調達が可能な店の把握について（市町村・特別区調査）

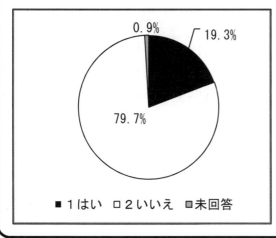

発災時に、食料品の調達が可能な店（スーパーやコンビニ、飲食店等）に関する情報を被災者へ発信することは、自立した食生活の支援に有効です。
把握することとしている自治体は約2割です。

0.9%　19.3%　79.7%

■1はい　□2いいえ　▨未回答

□ **（8）～（10）　提供食の支援**

提供食の支援	フェーズ0 概ね発災後24時間以内	フェーズ1 概ね発災後72時間以内	フェーズ2 避難所対策が中心の時期
(8)備蓄（協定）	□ 1 備蓄状況の把握（品名、数量） □ 2 避難者への提供体制の確保	□ 3 適正なエネルギー及び栄養量確保のための食料確保・提供（固定備蓄、流通備蓄） □ 4 要配慮者のエネルギー及び栄養量確保に有用な食料確保・提供（流通備蓄、支援物資）	
(9)炊き出し	□ 1 調理場所の確保 □ 2 自衛隊又は団体等への炊き出し依頼 □ 3 献立作成依頼又は献立提供 □ 4 食材の入手と搬送の手配 □ 5 炊き出しルールの提供 □ 6 要配慮者（アレルギー）の情報提供	□ 7 炊き出しボランティアの受付 □ 8 提供食の食事調査・評価（エネルギー及び栄養価の算定）	□ 9 要配慮者（アレルギー以外）に対応した食事提供
(10)弁当等	□ 1 弁当等の手配 □ 2 適正なエネルギー及び栄養量の基準提供 □ 3 要配慮者（アレルギー）の情報提供	□ 4 提供食の食事調査・評価（エネルギー及び栄養価の算定）	□ 5 適正なエネルギー及び栄養量の提供 □ 6 要配慮者に対応した食事提供 □ 7 適温に配慮した食事提供 □ 8 バラエティにとんだ食事提供

・避難所等での食事提供は、備蓄（固定、流通）や支援物資による提供や炊き出しの提供、弁当の提供等、市町村によって対応が異なるので、被災市町村の地域防災計画を踏まえ、市町村災害対策本部又は物資・食料調達部門と連携のもと、支援する。【保健所・本庁】

・被災住民の適正なエネルギー及び栄養量確保のために、厚生労働省が示す基準を提供業者等に示し、必要に応じて、専門職である管理栄養士又は栄養士による支援を管轄保健所に要請する。【市町村】

・避難生活の長期化が予測される場合は、バランスのとれた食事の提供が必要となるため、提供されている食事内容の確認を行い、エネルギー及び栄養価の算定をもとに、過不足する栄養素の補給が必要である。なお、提供食のエネルギー及び栄養価の算定は、専門職である管理栄養士又は栄養士による実施を管轄保健所に要請する。【市町村・保健所】

・各避難所の提供食の調査結果をもとに、エネルギー及び栄養素摂取量の不足がみられた場合は、市町村災害対策本部又は食料供給の担当主管課と連携し、本庁の担当課へ迅速に物資を要請し、被災者へ提供する。【市町村・保健所】

・炊き出し又は弁当による食事提供の場合、献立の改善によりエネルギー及び栄養素摂取量の適正化が図られると判断した場合は、市町村災害対策本部又は担当主管課と連携し、炊き出し又は弁当提供担当者に対し、改善に向けた助言を行い、適切なエネルギー及び栄養量の食事を提供する。【市町村・保健所】

・アレルギーを持つ要配慮者への食事提供は、調理時の食材混入に十分注意し、提供時には、被災住民へ使用食材に関する情報提供を行う。【市町村・保健所】

TOPIC

厚生労働省通知一部抜粋（栄養の参照量）

事　務　連　絡

平成23年4月21日

岩手県、宮城県、福島県、盛岡市、仙台市、郡山市及びいわき市

健康づくり施策主管部局　御中

厚生労働省健康局総務課

生活習慣病対策室

　　　　　避難所における食事提供の計画・評価のために当面の目標とする栄養の参照量について

　被災後1ヶ月が経過し、食事量は改善しつつありますが、おにぎりやパンなどの主食が中心で、肉・魚等のたんぱく質や野菜などの副食の摂取は十分ではなく、避難所間での不均衡もみられる状況にあります。エネルギー・栄養素摂取不足の影響による栄養不良や体力低下が顕著になってくる時期にあることから、避難所生活の長期化を視野に入れ、必要な栄養量の確保のために安定的に食事提供を行う条件の整備が急務となっています。

　ついては、今般、別紙のとおり、被災後3ヶ月までの当面の目標として、避難所における食事提供の計画・評価のための栄養の参照量を算定しましたので、管理栄養士等行政栄養関係者の関与の下、留意事項を参考に、地域や避難所の実情を十分に考慮し、食事回数や食事量の確保・調整を行い、必要な栄養量の確保に努めていただきますようお願いします。

（別紙）

避難所における食事提供の計画・評価のために当面の目標とする栄養の参照量

（1歳以上、1人1日当たり）エネルギー	2,000kcal
たんぱく質	55g
ビタミンB1	1.1mg
ビタミンB2	1.2mg
ビタミンC	100mg

TOPIC

厚生労働省通知一部抜粋（栄養の参照量）

事 務 連 絡

平成28年6月6日

熊本県及び熊本市健康づくり施策主管部局 御中

厚生労働省健康局健康課

栄養指導室

避難所における食事提供に係る適切な栄養管理の実施について

　被災後すでに1か月半が経過し、熊本県及び熊本市においては、避難所における食事提供状況のアセスメントが実施され、避難所によっては依然として、野菜の摂取不足など食事内容に改善が必要な状況も見受けられており、避難所生活が長期化する中、日々の食事は、栄養不足の回避、生活習慣病の予防、さらには生活の質の向上のために、一層重要となっています。

　ついては、今般、下記のとおり、避難所における食事提供の評価・計画のための栄養の参照量をお示しするとともに、食事提供に係る配慮事項をとりまとめましたので、避難所の運営において、管理栄養士等行政栄養関係者の関与の下、地域や避難所の実情を十分に考慮し、適切な栄養管理の実施に努めていただきますようお願いします。

表1　避難所における食事提供の評価・計画のための栄養の参照量

目的	エネルギー・栄養素	1歳以上、1人1日当たり
エネルギー摂取の過不足の回避	エネルギー	1,800〜2,200kcal
栄養素の摂取不足の回避	たんぱく質	55g以上
	ビタミンB$_1$	0.9mg以上
	ビタミンB$_2$	1.0mg以上
	ビタミンC	80mg以上

TOPIC

安全に食べるための日本災害食（日本災害食学会）

　様々な自然災害によってもたらされる被災生活を支え、健康二次災害の発生防止に役立てることを目的とし、災害食に必要な条件を整理し、消費者の商品選択に資するともに、備蓄推進に役立てるために日本災害食学会では災害食の認証制度を実施している。

　災害時こそ安全に食べることが重要であるため、安全性の高い基準をクリアした製品が認証されている。備蓄を選択する際の目安として活用が望まれる。

　http://www.mmjp.or.jp/TELEPAC/d-food/certification.html

↓ 日本災害食認証制度

（例）

⑥-1 提供食の支援
（備蓄・支援物資）

〇〇保健所　　　　　　　　　　　　　　　　　　　年　月　日時点

アクションカード

担当	活動場所	活動内容
① 被災市区町村管理栄養士等又は保健師	市区町村災害対策本部（OF 〇〇室）	適正なエネルギー及び栄養量確保に向けた調整
② 保健所管理栄養士	保健所地域医療対策会議（OF〇〇室）	要配慮者に有用な食料確保及び提供
③ 応援管理栄養士等（行政）	避難所	

1. 災害発生！以下の事項を確認してください。

記入者　所属：〇〇保健所〇〇課　　　　　氏名：〇〇〇〇

2. 避難所で提供される食事について、栄養的な観点から支援をしてください。

☐ 避難所等での提供食の状況をもとに、不足しがちな栄養素の補給に有用な食料（野菜ジュース、おかず缶詰等）の確保及び提供について、市区町村担当課と連携し、流通備蓄（協定先）や支援物資から確保・配布する。

☐ 固定備蓄及び流通備蓄、支援物資のなかに栄養補助食品等、要配慮者に有用な食品があった場合、要配慮者支援の担当に情報提供する。

☐ 必要があれば支援物資の受入れ拠点に管理栄養士等を配置してもらうよう、市区町村担当課に申し出る。

☐ 不足しがちな栄養素の補給に有用な食料や栄養補助食品について、支援物資等にない場合は、都道府県を通じて、JDA-DAT 等に支援の要請を行う。

☐ 支援物資の受入れ拠点に配置された場合、食品の用途とあわせ、賞味期限・消費期限を確認し、物資が無駄にならないよう避難所へ配布する。（ただし、不要な物資が過剰に配布されないように配慮する。）

☐ 支援物資の受け入れ拠点に管理栄養士等が配置された場合、栄養補助食品等の支援物資を必要とする被災者を把握した場合には、必要な支援物資が届くように助言する。

☐ 支援物資の受入れ拠点に管理栄養士等が配置された場合、物資の衛生的な保管についても助言する。

※屋内で、雨風や埃等の影響を受けないか、賞味期限・消費期限の短いものから配布できるように整理しているか。

参考資料	保管場所
食品配食チェック表（大規模災害時の栄養・食生活支援活動ガイドライン H31.3 日本公衆衛生協会 P94）	〇〇室

3. 災害発生から少し時間がたったら・・・（フェイズ2以降）

☐ 被災者の適正な栄養量確保の観点から、炊き出しや弁当等の提供へ切り替えていくことを市区町村担当課や市区町村災害対策本部に提案する。

☐ 炊き出しや弁当等の提供へ切り替える際に、適正なエネルギー及び栄養量の確保ができるよう仕様や献立作成基準等について助言する。

□ 炊き出しや弁当等に切り替える場合には、アレルギー対応等で食事に配慮が必要な者への対応について具体的な提供内容を検討する。

参考資料	保管場所
避難所における食事提供の計画・評価のために当面目標とする栄養の参照量（厚労省通知） 契約仕様書（例）、炊き出しルール（大規模災害時の栄養・食生活支援活動ガイドライン H31.3 日本公衆衛生協会 P88・P91） 避難所の良好な生活環境の確保に向けた取組指針（H25.8 内閣府）	○○室

4. 役割分担を行ってください。

□ 2. および3. の業務について、役割分担をする。

管内市区町村備蓄リスト

市区町村名	所属名	備蓄品目	備蓄量	備蓄場所	流通備蓄 有　無	炊き出し有無 依頼先	弁当等提供有無 契約先
○○市	○○○課	○○○ ○○○	○○ ○○	○○ ○○			
○○町	○○○課	○○○ ○○○	○○ ○○	○○ ○○			
○○町	○○○課	○○○ ○○○	○○ ○○	○○ ○○			
○○村	○○○課	○○○ ○○○	○○ ○○	○○ ○○			

本庁栄養主管課連絡先

都道府県名	所属名	担当者名	連絡先(TEL)	出勤状況
○○県	○○○課	○○	○○—○○○○	

様式例

◆異常がないか確認してから配布してください。
◆すぐに食べ、残ったら廃棄するように周知してください。

配食チェック表

避難所名

月 日	受入れ時間	配布時間	食品名 （弁当の種類 等）	個数	賞味期限 消費期限	製造者	異常がないか確認			備考
							におい	外観	容器破れ	
／	：	：								
／	：	：								
／	：	：								
／	：	：								
／	：	：								
／	：	：								
／	：	：								
／	：	：								
／	：	：								
／	：	：								
／	：	：								
／	：	：								

（例）

| ○○保健所 | | 年　月　日時点 |

⑥-2 提供食の支援
（炊き出し）

アクションカード

担当	活動場所	活動内容
① 被災市区町村管理栄養士等	市区町村担当課 保健所地域医療対策会議 （○F○○室） 避難所	炊き出しで提供される食事の適正なエネルギー及び栄養量確保及び食品衛生助言
② 保健所管理栄養士		要配慮者に対応した炊き出しの提供支援
③ 応援管理栄養士等 （行政、JDA-DAT）		

1. 災害発生！以下の事項を確認してください。

記入者　所属：○○保健所○○課　　　　氏名：○○○○

2. 避難所で提供される炊き出しについて、栄養的及び衛生的な観点から支援をしてください。

☐ 炊き出しの実施状況について、市区町村担当課または市区町村災害対策本部に確認する。（裏）

☐ 炊き出しの実施場所へ出向き、実施責任者に献立内容について、栄養的及び衛生的な観点から助言する。

☐ 必要に応じて、炊き出しの献立を作成し提供する。自衛隊に依頼する場合は、使用する食材を市区町村担当課と連携して手配する。

参考資料	保管場所
炊き出しルール（大規模災害時の栄養・食生活支援活動ガイドライン H31.3 日本公衆衛生協会　P88） 避難所の良好な生活環境の確保に向けた取組指針（H25.8 内閣府）	事務室

3. 役割分担を行ってください。

☐ 2. の業務について、役割分担をする。

4. その他。

☐ 必要に応じ、炊き出しで提供される食事のエネルギー及び栄養量の算出を行う。

☐ 炊き出しを実施する団体が固定されると、従事者の負担になるので、できるだけ複数の団体による実施になるよう調整する。

☐ 特定の避難所だけでしか炊き出しが行われないなどの偏りが生じないよう、炊き出しが計画的に行われるように可能な限り調整する。

☐ 食物アレルギー等の要配慮者に対する対応については、要配慮者の支援担当と連携して支援する。

☐ 炊き出しが数日間継続されると、炊き出しに従事する者が作業に慣れ、衛生管理への緊張感が低下する可能性があるので、定期的な巡回等により必要な助言を行う。

炊き出し実施状況一覧（例）

調理場所	実施団体名	担当者名連絡先	提供内容朝・昼・夕	提供頻度	献立内容（有無、栄養価計算）	その他（検便,食材入手）

様式例

炊き出し実施計画表

実施日		避難所名	食事内容	提供食数	備考（食事に配慮が必要な方への対応等）				実施主体
月日	区分 朝・昼・夕				乳幼児（有無）	高齢者（有無）	アレルギー（有無）	その他	
1									
2									
3									
4									
5									
6									
7									
8									
9									
10									

（例）

	担当	活動場所	活動内容
①	避難所運営管理者	避難所	避難所で提供する食事づくりを支援
②	炊き出し従事者		

○○保健所　　　　　年　月　日時点

炊き出しに従事する際
（栄養面のポイント）

アクションカード

1. 炊き出しを行う避難所責任者を確認してください。

記入者　所属：　　　　　　氏名：○○○○

2. 献立の内容を確認してください。

☐　主食（ご飯、麺、パンなど）だけなど、特定の食品に偏っていないか。
☐　献立内容は、調理従事者で作ることができる内容である。（人数、品数など）

3. 便秘・下痢の予防のため。

災害後のストレスや生活環境の変化、食物繊維の不足等で便秘や下痢になる方が増えます。
☐　野菜など食物繊維を多く含む食品が提供されているか。
☐　食事だけでなく、お茶や水など水分補給が行えるように飲み物が提供されているか。

4. 倦怠感・疲労感の予防のため。

被災後のストレスや生活環境の変化等で、食欲不振に陥り、体力の低下や倦怠感などを訴える方が増えます。
☐　提供される食事に、野菜なども含め、いろいろな食品が使用されているか。
　※栄養バランス、微量栄養素が摂取できる献立になっている。

5. 貧血予防のため。

ごはん、おにぎり、パン等の主食が中心となった食事では、鉄やたんぱく質が不足し、貧血になる方もいます。
☐　肉や魚、大豆製品など、たんぱく質を含む食品が使用されている。
☐　鉄分を含む食品や、鉄分を強化した食品を提供するなどの配慮が行われている。

5. 風邪の予防のため。

避難所生活等で体力が低下し、風邪にかかりやすくなります。体力回復に必要なたんぱく質の摂取に心がけましょう。
☐　肉や魚、大豆製品など、たんぱく質を含む食品が使用されている。
☐　ビタミン類が補える食品が提供されている。

＊被災市区町村又は管轄保健所の管理栄養士等に御相談ください。

連絡先：　　　　　　担当：　　　　　TEL：

【参考】エネルギー及び主な栄養素について

目　的	エネルギー・栄養素	1歳以上、1人1日当たり
エネルギー摂取の過不足の回避	エネルギー	1,800～2,200kcal
栄養素の摂取不足の回避	たんぱく質	55g 以上
	ビタミン B$_1$	0.9mg 以上
	ビタミン B$_2$	1.0mg 以上
	ビタミン C	80mg 以上

※日本人の食事摂取基準（2015年版）で示されているエネルギー及び各栄養素の値をもとに、平成27年国勢調査結果（岡山県）で得られた性・年齢階級別の人口構成を用いて加重平均により算出。

　避難所における食品構成例

	単位：g
穀類	550
芋類	60
野菜類	350
果実類	150
魚介類	80
肉類	80
卵類	55
豆類	60
乳類	200
油脂類	10

注）この食品構成の例は、平成21年国民健康・栄養調査結果を参考に作成したものである。穀類の重量は、調理を加味した数量である。

国立健康・栄養研究所

（例）

○○保健所		年　月　日時点

炊き出しに従事する際
（衛生面のポイント）

アクションカード

担当	活動場所	活動内容
① 避難所運営管理者	避難所	避難所で提供する食事づくりを支援
② 炊き出し従事者		

1. 炊き出しを行う避難所責任者を確認してください。

記入者　所属：　　　　　　　氏名：○○○○

2. 身支度を確認してください。

□ 着衣の汚れやゴミの付着、長い髪は束ねるなど異物混入の対策を行っている。

□ 爪は短く切っている。マネキュアを塗っている場合は、手袋を着用する。

□ 手指に傷がない。傷がある場合は、手袋を着用する。

□ 下痢など体調が悪い人は従事していない。

3. 手洗いを行ってください。

□ 調理前、食事提供時、用便後には手洗いを行う。

□ 十分な水が確保できない場合は、ウェットティッシュやアルコール噴霧を行う。

□ 手がきれいにできない場合は、食品に直接手でふれないよう手袋などを使用する。

4. 調理を始める時に。

□ まな板、包丁など調理器具に汚れはないか。

□ 加熱が必要な食品は中心部までしっかり加熱している。

□ 加熱調理後に加工を行うもの（サラダ、和え物）は避ける。

□ おにぎりを握る場合は、素手ではなくラップを使用する。

□ 屋外テントなどで食品を保管する場合は、直接地面に置かない。

5. 食品の提供にあたって。

□ 食品は温度が上がりにくい場所に保管する。

□ 配布した食品は、長期保存可能なものを除いて、すぐに食べきる。

□ 食べ残した食品は、すぐに捨てるように啓発する。

□ 弁当など、いたみやすい食品を提供する場合は、必ず、消費期限を明記する。

＊管轄保健所の食品衛生監視員又は管理栄養士等にご相談ください。

連絡先：　　　　　　　担当：　　　　　TEL：

（例）

○○保健所		年　月　日時点

炊き出しに従事する際

（要配慮者の対応にあたってのポイント）　アクションカード

担当	活動場所	活動内容
① 避難所運営管理者	避難所	避難所で提供する食事づくりを支援
② 炊き出し従事者		

1. 炊き出しを行う避難所責任者を確認してください。

記入者　所属：　　　　　　氏名：○○○○

2. 避難所に食事に配慮が必要な人がいませんか。

□ 避難所の管理者又は市区町村の管理栄養士等に、食事に配慮が必要な方がいないか尋ねる。

□ 乳幼児や高齢者、糖尿病など疾病を有する人がいる場合には、人数を確認する。

（食事に配慮が必要な方）

乳幼児	人	糖尿病	人	人	人
高齢者	人	高血圧	人	人	人

※食事に配慮が必要な方がおられた場合は、以下を確認する

3. 乳幼児がいる場合。

□ 離乳食が必要な人がいる場合、市区町村等の管理栄養士に献立を相談する。

□ アレルギーのある乳幼児がいる場合は、炊き出しで提供する食事に含まれるアレルゲンの情報を提供する。

□ アレルギーのため、炊き出しで提供する食事が食べられない場合は、代替食品を提供する。

4. 高齢者がいる場合。

□ 高齢者は水分摂取を控える方が見受けられるので、食事等からも水分補給できるように工夫する。

□ 噛む、飲み込む機能が低下している方や、入れ歯を無くした方もおられるので、お粥など食べやすい食事を提供する。

5. 病気で食事治療が必要な方がいる場合。

□ 糖尿病の方はいませんか。

　　□ 1日3食規則正しく食べることが大切なので、1日3食、食事が提供できているか。

　　□ 菓子パンや甘いジュースばかりが提供されていないか。

□ 腎臓病の方はいませんか。

　　□ 肉や魚などたんぱく質を過剰に摂取していないか。

　　□ 味の濃い食事、塩辛いものなど、食塩を過剰に摂取していないか。

　　□ 水分摂取は適当か。水分を過剰摂取すると状態が悪化することが考えられますが、控え過ぎると体調を崩す原因となりますので、適量摂取に心がける。

□ 高血圧の方はいませんか。

　　□ 味の濃い食事ばかりが提供されていませんか。

＊被災市区町村又は管轄保健所の管理栄養士等に御相談ください。

連絡先：　　　　　　担当：　　　　　TEL：

（例）

〇〇保健所		年　月　日時点

⑥-3 提供食の支援
（弁当等）

アクションカード

担当	活動場所	活動内容
① 被災市区町村管理栄養士等	市区町村担当課保健所地域医療対策会議（○F○○室）	避難所等で提供される弁当の適正なエネルギー及び栄養量確保及び食品衛生助言
② 保健所管理栄養士		要配慮者に対応した弁当の提供支援
③ 応援管理栄養士等（行政、JDA-DAT）	避難所	

1. 災害発生！以下の事項を確認してください。

記入者　所属：〇〇保健所〇〇課　　　氏名：〇〇〇〇

2. 避難所で提供される弁当等について、栄養的及び衛生的な観点から支援をしてください。

☐ 弁当の提供状況について、市区町村〇〇課（〇〇担当）又は市区町村災害対策本部に確認する。（裏面）

☐ 食事調査の結果、エネルギー及び栄養素摂取量の過不足がある場合、弁当の献立内容の改善等について、市区町村担当課と連携し、弁当業者へ助言する。

☐ 避難所等での弁当の保管状況を確認し、食品衛生の観点から避難所運営責任者又は市区町村担当課へ必要な助言を行う。

必要物品	保管場所
地域防災計画、栄養・食生活支援関連計画	〇〇〇
管内市区町村担当課リスト	裏　面
避難所リスト	別　添

参考資料	保管場所
弁当の給与栄養量の設定（大規模災害時の栄養・食生活支援活動ガイドライン H31.3 日本公衆衛生協会 P69〜71）	〇〇〇
避難所の良好な生活環境の確保に向けた取組指針（H25.8 内閣府）	〇〇〇

3. 役割分担を行ってください。

☐ 2. の業務について、役割分担をする。

4. その他。

☐ 避難所での食事記録（画像でも可）を避難所運営責任者等に依頼する。

☐ 食物アレルギー等の要配慮者に対する対応については、要配慮者の支援担当と連携して支援する。

☐ 弁当の供給に当たり、長期化に対応してメニューの多様化、適温食の提供等、質の確保についても助言する。

☐ 被災地の地元事業者が営業を再開するなど災害の発生から一定の期間が経過した段階においては、食料等の供給契約を順次地元事業者等へ移行させるなどにより、適温食の確保に配慮する。

弁当提供状況一覧（例）

市区町村名 避難所名	提供業者名	担当者名 連絡先	提供内容 朝・昼・夕	提供 頻度	献立内容	その他

管内市区町村

市区町村名	〇〇担当課名	担当者名	連絡先(TEL)	E-mail	出勤状況

契約仕様書（例）

1　業務内容

（1）価格

　　・1日あたり（　1,160円　1,500円　消費税込み　）とする。
　　・1食あたり380円（消費税込み）とする。

（2）献立

　　・原則として、管理栄養士又は栄養士が確認したもので、詳細は協議して決定する。
　　・米飯を主とした主食、肉又は魚介類等を中心とした主菜、野菜を中心とした副菜から構成した内容とすること。
　　・1日当たりのエネルギーは1800kcalから2200kcalであること。
　　・1食当たりのエネルギーは、600kcalから730kcalであること。
　　・1食分として提供する弁当には、主菜として肉又は魚等が約50g、副菜である野菜が約120g程度入ったものとする。
　　・献立の栄養成分を把握し、求めがあれば提出すること。

（3）使用する食材

　　食材は、原材料規格書等により衛生基準、品質基準、産地等の把握を行い、安全性の確保について公表する。

（4）調理

　　・厚生労働省による大量調理施設衛生管理マニュアルに基づき、食中毒の予防を行うとともに、異物混入に関しても細心の注意を払うこと。
　　・調理した食材は、食品衛生法の規定に基づく衛生的な容器に、主食と副食に分けて出荷する。
　　・製造は納入時間の3時間以内とし、製造時間、消費期限を明記すること。

（5）配送

　　・調理後は速やかに適切な温度管理、衛生管理のもとに、指定時間に指定場所に納品すること。時間、場所については、事前に協議すること。
　　・主食は保温箱に、副食は専用の容器に分けて納品すること。
　　・配達の範囲は、△△△が設置した避難所とすること。

（6）容器回収

　　・喫食後の容器は当日中に回収すること。

（7）食数

　　・提供する食数は、前日の●●時までに△△△（自治体名）からの連絡を受けて決定すること。

2　対象者

　　・△△△が指定した避難所で生活する被災者

3　衛生管理

　　・安全管理、衛生管理は大量調理施設衛生管理マニュアルに従って行うこと。

4　管理運営体制
　・受託者は、本業務に係る業務処理責任者を選任しなければならない。
　・当該委託業務に係る全てを自ら行うこととし、業務の一部又は全部の実施を委託してはならない。（再委託の禁止）

5　信用状況
　・食品衛生法の規定により営業許可を受けていること。
　・食品に関する法令諸規定が遵守すること。
　・過去3年間食中毒の事故歴がないこと。
　・△△△への納税義務が履行されていること。

6　その他
　・この仕様書に明示されていない事項が発生した場合は、△△△と協議の上、対応する。

（参考：京田辺市、白浜町、陸上自衛隊）

☐ （11） **食中毒・感染症予防対策**

フェーズ0 概ね発災後 24時間以内	フェーズ1 概ね発災後 72時間以内	フェーズ2 避難所対策が 中心の時期	フェーズ3 避難所から概ね 仮設住宅までの期間
☐ 1 トイレ、手洗い設備、消毒液等衛生物品の現状把握	☐ 4 必要な物品の確保（トイレ、手洗い設備、衛生物品）		
☐ 2 手洗い、消毒、マスク着用の普及啓発	☐ 2 手洗い、消毒、マスク着用の普及啓発		
☐ 3 有症状者の把握と対応	☐ 3 有症状者の把握と対応		
	☐ 5 避難所の食事の衛生管理状況の把握と指導	☐ 6 炊き出しの衛生管理状況の把握と指導	☐ 7 仮説住宅でのイベントにおける衛生指導

・避難所での食中毒及び感染症の発生及びまん延を防止するために、予防対策の支援を保健所に依頼する。【市町村】

・保健所は、感染症担当及び食品衛生監視員と連携のもと、対応の役割分担を行い、効率的に支援する。【保健所】

・発災後は、職員の業務が増大し、また啓発資料作成にパソコンやプリンターが使えない等、資料作成が困難になることも想定されるため、平常時に啓発資料等を作成し、すぐに活用できるようにしておく。【市町村・保健所】

TOPIC

衛生的な保管や温食提供のために必要な機器の整備について（市町村・特別区調査）

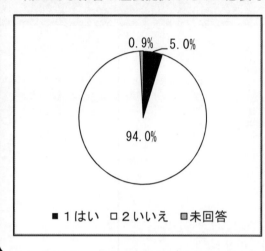

0.9%　5.0%

94.0%

■ 1はい　□ 2いいえ　▨未回答

食中毒及び感染症の予防や、温かい食事の提供のために、冷蔵後や電子レンジ等の機器を避難所に整備することとしている自治体は5％です。

（例）

○○保健所		年　月　日時点

⑨-1 食中毒・感染症の発症予防（避難所）

アクションカード

担　当	活動場所	活動内容
① 保健所職員（保健師等）	避難所 保健所	避難所運営スタッフ及び避難者へ感染予防の啓発を行う
② 市町村職員（保健師等）		必要物品を配置する 感染拡大の予防について啓発する
③ 避難所責任者		

1. 災害発生！以下の事項を確認してください。

記入者　所属：（　　　　　　　　　　　）　氏名：（　　　　　　　　　）

☐ 保健所内でEMISにて避難所の状況を確認する。

【機関コード】○○○○○○○○○
【パスワード】○○○○○○○○
【所　　属】○○○
　　　ログイン＞＞○○保健所 のメニュー＞＞医療機関等・支援状況モニター＞＞避難所（環境的側面）

☐ 保健所内の手指消毒剤等の資材の有無を確認し、在庫が不足する場合は、○○○○○に補充を依頼してください。
　　＜嘔吐物処理セット（次亜塩素酸ナトリウム、マスク、手袋、エプロン、ペーパータオル、新聞紙、ビニール袋）、液体せっけん、ペーパータオル、手指アルコール剤＞

必要物品	保管場所
啓発チラシ（手洗い方法）	保健所
嘔吐物処理セット（次亜塩素酸ナトリウム、マスク、手袋、エプロン、 　　　　　ペーパータオル、新聞紙、ビニール袋）	
手洗い一式（液体せっけん、ペーパータオル、手指アルコール剤）	

2.　避難所での感染症発生を予防するために以下のとおり行動してください。

☐ 避難所での水の使用可能状況を確認する。

☐ 避難所内は土足禁止になっているか確認し、土足の場合は土足禁止とするよう避難所責任者に指導する。

☐ 避難者へ手洗い・手指消毒を周知する（啓発チラシを手洗い場に掲示、液体せっけん、ペーパータオル、手指消毒剤を手洗い場に設置）。

☐ 避難住民に体調不良時は避難所看護師に伝えること、病院を受診するよう啓発する。
　　（出入り口付近にチラシの掲示を行う）

☐ 避難所看護師に健康観察を依頼する（健康観察チェックリストあり）。

☐ 避難所看護師に体調不良者出現時（5人以上の同一の有症状者）は、○○保健所に連絡するよう伝える。

☐ トイレの洗浄方法を避難所責任者へ説明する（チラシを配布する）。

☐ 嘔吐物の処理方法を避難所責任者へ説明する（チラシを配布する）。

☐ 嘔吐物処理セット（次亜塩素酸ナトリウム、マスク、手袋、エプロン、ペーパータオル、新聞紙、ビニール袋）の配置状況を確認する。

☐ 隔離場所（他の空間と空気を共有しないドアのある個室）の確保、オムツ替え専用スペースの確保を避難所責任者に指示する。

☐ 食事の提供内容を確認する（生ものを提供していないか、調理から提供までの時間（2時間以内））。

☐ 食事提供者及び避難所責任者に「避難所で炊き出しをする場合の炊き出しチェック Q&A」を配布し、炊き出し時の注意事項を説明する。

☐ 食事提供者（炊き出しを行う者）及び避難所責任者に炊き出しチェック表を配布し、調理作業前に毎回点検するよう依頼する。

必要資料	保管場所
炊き出しチェック表 避難所で炊き出しをする場合の炊き出しチェック Q&A	保健所

3. 保健所に戻り、避難所の不足物品がある場合は準備します。

☐ 必要物品準備後は、避難所に供給する。

資材請求連絡先

都道府県名	所属名	担当者名	連絡先
○○県	○○○○	○○	○○○—○○○○

管内市町村保健師

市町村名	所属名	担当者名	連絡先	出勤状況	勤務状況
○○○	○○○課	○○	○○○—○○○○	○○	○○
○○○	○○○課	○○	○○○—○○○○	○○	○○
○○○	○○○課	○○	○○○—○○○○	○○	○○

○○県　関係連絡先

都道府県名	所属名	担当者名	連絡先
○○県	○○○部 ○○○課	○○○	○○○—○○○○ (FAX：○○○—○○○○)

様式例

健康観察チェックリスト

避難所名（　　　　　）
担当者（　　　　　）

症状あり：○　症状なし：×

月日、曜日を記入してください

No	氏名	年齢	受診医療機関	診断名・診断日	／（　） 発熱	咳	鼻水	下痢	腹痛	嘔吐	／（　） 発熱	咳	鼻水	下痢	腹痛	嘔吐	／（　） 発熱	咳	鼻水	下痢	腹痛	嘔吐	／（　） 発熱	咳	鼻水	下痢	腹痛	嘔吐	／（　） 発熱	咳	鼻水	下痢	腹痛	嘔吐
1																																		
2																																		
3																																		
4																																		
5																																		
6																																		
7																																		
8																																		
9																																		
10																																		

様式例

健康観察チェックリスト

避難所名（　　　　　）
担当者（　　　　　）

月日、曜日を記入してください

症状　症状あり：○　症状なし：×

No	氏名	年齢	受診医療機関	診断名・診断日	（　/　）（　）						（　/　）（　）						（　/　）（　）						（　/　）（　）						（　/　）（　）					
					発熱	咳	鼻水	下痢	腹痛	嘔吐	発熱	咳	鼻水	下痢	腹痛	嘔吐	発熱	咳	鼻水	下痢	腹痛	嘔吐	発熱	咳	鼻水	下痢	腹痛	嘔吐	発熱	咳	鼻水	下痢	腹痛	嘔吐
11																																		
12																																		
13																																		
14																																		
15																																		
16																																		
17																																		
18																																		
19																																		
20																																		

（例）

| ○○保健所 | | 年　月　日時点 |

食中毒・感染症発生疑い時対応（避難所）
（拡大防止対策）

アクションカード

	担　当	活動場所	活動内容
①	保健所職員（感染症担当、食中毒担当）	保健所○○室	発生状況の確認 発生場所及び発症者への調査、検体収集
②	保健所職員（食品衛生監視員等）	避難所	検体搬送・検査
③	応援保健師等		食中毒対応（調査・検査）
④	市町村保健師等		感染対策の指導
⑤	避難所責任者		

1. 感染症・食中毒発生疑いの連絡あり！以下の事項を確認してください。

記入者　所属:（　　　　　　　　　　　　）　氏名:（　　　　　　　　　　）

・必要物品の確認をしてください。

・保健所職員は、応援保健師に下記事項を指示してください。

必要物品	保管場所
嘔吐物処理セット	○○○
健康観察チェックリスト	○○○
食事摂取状況調査用紙	○○○
感染症拡大対策のチラシ	○○○

2. 感染症患者発生疑い。感染拡大防止のため、該当避難所にて以下のとおり行動してください。

☐　発生状況を確認する（場所、人数、症状、受診状況、処理状況、嘔吐物処理セットの有無〈次亜塩素酸ナトリウム・ハイター、マスク、手袋、ビニールエプロン、袋、ペーパータオル、新聞紙〉）

☐　避難所責任者にハイリスク者（乳幼児、妊婦、高齢者、免疫不全者）の有無を確認する。

☐　発症者の食事摂取状況を避難所責任者に確認する。

☐　避難所責任者に、消毒及び換気について指導する（チラシあり）。

　（消毒場所:トイレ、手すり、嘔吐場所　　消毒・換気の頻度:午前1回、午後1回。嘔吐時は随時行う）

☐　避難住民に体調不良・悪化時は避難所看護師に伝えること、病院を受診するよう啓発する。

　（出入り口付近にチラシの掲示を行う）

☐　避難所看護師に健康観察を依頼する（健康観察チェックリストあり）。

☐避難所看護師に新規の体調不良者出現時には、○○保健所に連絡するよう伝える。

3. 情報収集後、保健所に戻り、報告を行ってください。

☐　所内で情報共有を行う。避難所で把握した発生状況、対応状況を報告する。

　【構成員】所長、次長、○○課（健康危機管理担当）、○○課、○○課、応援保健師等

☐　所内で以下の検討を行う。

　・食中毒の可能性について

　・検便検査の必要性について（対象者、検査時期）

　・感染拡大防止方法について（有症状者の隔離の必要性、ハイリスク者の移動の必要性）

☐　所内で情報共有後、県庁○○○課に電話及び FAX で第 1 報報告をする。（FAX は、手書きのメモで

可）

4. 所内検討後、対応が必要な場合は避難所に戻り、以下のとおり行動してください。

☐ 嘔吐物処理セットが不足している場合、避難所責任者に渡す。

☐ 有症状者の別の部屋（ドアのある個室、空間を共有しない場所）への移動を避難所責任者に指示する。

☐ 2で確認したハイリスク者の移動（感染症疑い患者なしの別避難所）について、市町村保健師に調整を依頼する。

☐ 保健所職員に検体（便）の回収及び〇〇〇〇〇への搬送を依頼する。

参考資料	保管場所
ノロウイルス関係所内マニュアル	〇〇〇

〇〇県　関係連絡先

都道府県名	所属名	担当者名	連絡先
〇〇県	〇〇〇部 〇〇〇課	〇〇〇	〇〇〇－〇〇〇〇 (FAX：〇〇〇－〇〇〇〇)
〇〇県	〇〇〇研究所	〇〇〇	〇〇〇－〇〇〇〇 (FAX：〇〇〇－〇〇〇〇)
〇〇県	〇〇保健所	〇〇〇	〇〇〇－〇〇〇〇 (FAX：〇〇〇－〇〇〇〇)

管内市町村　連絡先

市町村名	所属名	担当者名	連絡先	出勤状況	勤務状況
〇〇市	〇〇課	〇〇〇	〇〇〇－〇〇〇〇		
〇〇町	〇〇課	〇〇〇	〇〇〇－〇〇〇〇		
〇〇町	〇〇課	〇〇〇	〇〇〇－〇〇〇〇		

感染症病床を有する管内医療機関

市町村名	医療機関名	担当者名	連絡先	出勤状況	勤務状況
〇〇市	〇〇〇〇〇	〇〇 感染管理 認定看護 師	〇〇〇－〇〇〇〇		

ちらし（例）

炊き出しチェック表

炊き出しをする皆様は、調理開始前に避難所管理者へ必ず提出して下さい。

団体名	
責任者	
連絡先	
提供日時	平成　　年　　月　　日（　　）　　時　　分から　　時　　分まで
提供メニュー（※）	
調理・配膳従事者数	人

※提供するメニューは、全て記載すること。記載しないメニューは、提供できません。

調理配膳従事者の健康チェック

点検項目	点検結果
下痢、発熱の症状はありませんか（本人、同居家族）	□なし　　　□あり（　　人）
手指に傷はありませんか	□なし　　　□あり（　　人）
指輪は外していますか	□外している　　　□外していない（　　人）
衣服は清潔ですか	□清潔　　　□不清潔
爪は短く切っていますか	□短い　　　□長い

※健康チェックで該当する方は、調理・配膳に従事できません。

（避難所管理者　記入欄）　　　　　　　　　避難所名【　　　　　　　　　　　　】

チェック表

健康チェックで問題のある人はいませんか	□いない　　□いる（→調理や配膳はできません）
提供食品は、全て加熱調理品か	□加熱調理品のみ □加熱しない調理品あり（→提供できません）
直接食品に接触する調理時には、使い捨て手袋を使用しているか	□いない　　□いる（→調理や配膳はできません）

令和　　年　　月　　日　記入者（　　　　　　　　）

○○保健所（TEL：○○○-○○○-○○○○）

炊き出しをする皆様へ

　気温が高くなってきているので、食中毒予防のため、以下のことを必ず守ってください。

◆調理前

□加熱していない食品は、出さないこと。

＊生野菜（きゅうり、トマト、レタスなど）、刺身、生肉、カットフルーツは出さないこと。

□下痢、発熱、手指に傷のある方は調理、配膳を行わないこと。

＊調理、配膳の前に、下痢、発熱、手指に傷がないか健康チェックをすること。

◆調理中

□調理の前には、よく手を洗うこと。

＊もし、水が十分確保できない場合は、ウエットティッシュでよく拭いた後、アルコール消毒をすること。使い捨て手袋を着用すること。

□調理中も、こまめに消毒すること。

＊調理台にアルコール消毒薬をおくこと。

□材料は、クーラーボックス（保冷剤入り）に保管すること。

＊クーラーボックスに入れられない場合は、直射日光の当たらないところに保管すること。

□調理後、概ね2時間以内に食べることができるように配食すること。

＊早めに食べるように伝えること。

○○保健所（TEL：○○○-○○○-○○○○）

様式例

採 取 記 録 表

＿＿＿＿＿＿＿保健所

番　号					
採取日時					
採取場所					
種類	糞便・吐物・食品・水・その他	糞便・吐物・食品・水・その他	糞便・吐物・食品・水・その他	糞便・吐物・食品・水・その他	糞便・吐物・食品・水・その他
検体名					
採取量					
検査項目					
色・外観					
臭気					
pH					
温度	℃	℃	℃	℃	℃
残留塩素	mg／l	mg／l	mg／l	mg／l	mg／l
検査機関への搬送日					
検査機関への搬入日					
搬送条件					
その他					
採取者					
結　果					

□ （12） 食環境の整備

食環境の整備	フェーズ1 概ね発災後72時間以内	フェーズ2 避難所対策が中心の時期	フェーズ3 避難所から概ね 仮設住宅までの期間
物流 量販店 スーパー コンビニ 飲食店　等	□ 1 復旧状況の把握 □ 2 開店、食料提供 状況の把握	□ 3 適正なエネルギー及び栄養量補給のための自己調達物資の供給依頼	□ 4 健康に配慮した食材やメニューの提供依頼 □ 5 仮説住宅の食材入手のしやすさの把握と支援

・ライフラインや交通状況の把握については、県及び地域の災害対策本部の情報を基に組織（保健所等）で一括して把握する。【保健所・本庁】

・量販店や飲食店等の開店及び食料提供状況を把握し、必要に応じて、被災住民へ情報提供し、自助による適正なエネルギー及び栄養量確保を支援する。また、店に対し、不足する栄養素等の情報を提供し、自己調達物資の供給について依頼する。【市町村・保健所・本庁】

・仮設住宅での食事は、自己調達となり、住みなれない場所での生活となることから、市町村災害対策本部と連携のうえ、食料供給の状況を把握し、必要に応じて支援を行う。【市町村・保健所・本庁】

（例）

○○保健所		年　月　日時点

⑧食環境の整備

アクションカード

	担当	活動場所	活動内容
①	保健所管理栄養士	保健所地域医療対策会議	量販店等の復旧にあわせて、その状況を把握し、自助による不足しがちな栄養素やその補給方法等を助言する。
②	応援管理栄養士等（行政、JDA-DAT）	（○F○○室）管内量販店、飲食店等	

1. 災害発生！以下の事項を確認してください。

記入者　所属：○○保健所○○課　　　氏名：○○○○

2. 管内量販店等の被災状況を把握してください（避難所巡回栄養相談等と並行して実施）。

☐ 管内のスーパーやコンビニ、飲食店等の開店及び食料提供状況（食品名、量等）について把握する（食品衛生監視員から店舗に関する情報を入手する。）

☐ 可能ならば店舗ごとの表を作成し、必要に応じてプリントアウトできるようにする。

☐ 店舗の状況は随時、更新する（いつの時点の情報か分かるように更新日を記載する）。

必要物品	保管場所
管内量販店、飲食店リスト、マップ　＊平常時にリストまたはマップ化しておくと便利	○○○

3. 把握した情報を提供してください。

☐ 把握した情報について、必要に応じ被災者へ情報提供し、自助による適正なエネルギー及び栄養量確保を支援する。

☐ 店舗にも必要に応じ、不足する栄養素等の情報を提供し、自己調達物資の供給を依頼する。

☐ 管内店舗の復旧に応じ、健康に配慮したメニューの提供や温食提供が可能な店舗の情報を、避難所等で掲示板などを利用して情報提供する。また、そのメニューを避難所等で提供することが必要になった場合は、市町村担当課と連携のうえ、提供に向けて調整を行う。

☐ 仮設住宅での食事は、自己調達となり住みなれない場所での生活となることから、食料購入可能場所等の情報を提供する。同時に、住民の食事状況等を把握し、必要に応じて不足の栄養素を摂取するための食べ方や食品の選び方などを助言する等の支援を行う。

4. 役割分担を行ってください。

☐ 2. 及び3. の業務について、役割分担を行う。

主な管内量販店一覧

店名	住所	TEL	
○○○	○○○○○	○○—○○○○	
○○○	○○○○○	○○—○○○○	
○○○	○○○○○	○○—○○○○	

主な管内飲食店一覧

店名	住所	TEL	
○○○	○○○○○	○○—○○○○	
○○○	○○○○○	○○—○○○○	
○○○	○○○○○	○○—○○○○	

※応援店のマップにスーパーマーケットもマークする事例を示す。

□ （13） 受援（派遣）体制の整備

1）物　資

受援体制	フェーズ1 概ね発災後72時間以内	フェーズ2 避難所対策が中心の時期	フェーズ3 避難所から概ね 仮設住宅までの期間
物資（食料）	□ 1 支援物資の受入れ状況の把握 □ 2 避難所等へ支援物資提供 □ 3 避難者のエネルギー確保に必要な食料の受入れ □ 4 要配慮者用食品の確保・調整（特殊栄養食品ステーション設置）	□ 5 避難者の栄養量確保に必要な食料の受入れ □ 6 避難所等へ要配慮者用食品の提供	□ 7 支援物資の供給停止 □ 8 要配慮者用食品の供給停止

・避難者の適正なエネルギー及び栄養量の確保のため、市町村災害対策本部又は物資・食料調達部門と連携のもと、管理栄養士又は栄養士が、受け入れた支援物資の内容を把握し、栄養的な視点から、支援物資を避難所等へ提供する。【市町村・保健所】

・避難者の適正なエネルギー及び栄養量の確保の点から、必要な物資について、市町村災害対策本部又は物資・食料調達部門と連携のもと、協定先や本庁等へ要請する。【市町村・保健所】

・避難所で提供する食事が困難な要配慮者には、特殊栄養食品等の食料を確保する。なお、確保の要請は本庁に行い、必要に応じて、日本栄養士会（JDA-DAT）の協力によるステーション設置を要請する。【市町村・保健所】

・避難者の仮設住宅への移行に向け、食事や物資の提供から、自己調達へと促すために、食環境の整備と併せて、食の自立を支援する。【市町村・保健所】

２）人 材

	フェーズ１ 概ね発災後 72 時間以内	フェーズ２ 避難所対策が中心の時期	フェーズ３ 避難所から概ね 仮設住宅までの期間
被災地（市町村・保健所）	□ 1 炊き出しボランティアの受付（市町村） □ 2 保健所への支援依頼（市町村） □ 3 管理栄養士、栄養士の派遣依頼（保健所） □ 4 受援内容の決定（市町村・保健所）	□ 5 連絡会議の開催（市町村、保健所、派遣者） □ 6 派遣受入に関する本庁との連絡調整（保健所）	□ 7 受援の終了計画、引継ぎ（市町村・保健所） □ 8 派遣終了に向けての業務体制整備（市町村・保健所）
被災地（本庁）	□ 1 都道府県内の応援保健所（管理栄養士）の調整 □ 2 管理栄養士派遣に関する国への要請、関係機関・団体の調整 □ 3 派遣自治体との連絡調整	□ 4 派遣受入に関する国との連絡調整 □ 5 派遣自治体との連絡調整 □ 6 災害救助法の適用調整	□ 7 派遣終了の調整
派遣自治体	□ 1 被災情報の収集 □ 2 DHEAT、保健チームへの管理栄養士派遣調整（庁内） □ 3 派遣準備（派遣者調整、管理栄養士必要物品の調整）	□ 4 管理栄養士派遣継続への対応 □ 5 派遣者不在の間の業務応援調整 □ 6 必要物品の確認、補充の調整 □ 7 派遣者への助言、活動支援	□ 8 派遣終了の調整

・③提供食の把握～⑫食環境の整備のなかで示した発災時の具体的な支援活動において、管理栄養士又は栄養士の専門職が活動する方が効果的なものや、被災市町村及び管轄保健所の管理栄養士又は栄養士だけでは十

分な活動ができないものについて、積極的に管轄保健所を介して派遣を要請する。【市町村・保健所】

・被災市町村及び管轄保健所の担当者は、受援内容（派遣者に依頼する活動）及び人数を決定し、本庁を介しあらかじめ、派遣予定者へ連絡し、効率的な活動ができるようにする。また、随時、必要に応じて、受援内容の変更を行う。【市町村・保健所】

・被災市町村で、派遣者や関係団体等、さまざまなスタッフによる支援が行われるため、全体の支援活動や活動における課題等を共有・解決することを目的に、連絡会議を開催する。連絡会議を通して、災害対策本部や他部署との連携が必要な場合は、調整を行う。【市町村・保健所】

・被災地を管轄する本庁担当者は、被災地管轄保健所より管理栄養士又は栄養士の派遣要請があった場合、まずは都道府県内の管理栄養士又は栄養士による派遣を調整する。【本庁】

・被災地の都道府県内の管理栄養士又は栄養士による派遣では不足する場合は、国（厚生労働省）へ派遣を要請する。【本庁】

・発災後、他の自治体から派遣される支援チームは、日の経過とともに減少されるため、支援活動（業務）の縮小と引継ぎについて検討し、栄養業務計画を作成する。【市町村・保健所】

・派遣側の自治体担当者は、国（厚生労働省）の派遣要請に基づき、調整を行う。調整に当たり、DHEATや保健チーム等、複数へ派遣する場合があるので、支援活動内容等を参考に人選する。【本庁】

・派遣の人選については、被災経験または派遣経験のある管理栄養士又は栄養士を優先的に派遣し、未経験者や若手管理栄養士又は栄養士を派遣する場合は、経験者との2名体制にする等、配慮が望ましい。【本庁】

・被災地への持参品は、被災地に迷惑をかけないよう準備する。また、食事調査や栄養価計算等の実施がある場合は、栄養士に必要な物品を別途準備する。なお、管理栄養士又は栄養士単独で支援活動ができるよう、必要に応じて車や運転の手配をすることが望ましい。【本庁】

TOPIC

他自治体からの管理栄養士・栄養士の応援要請について（市町村・特別区調査）

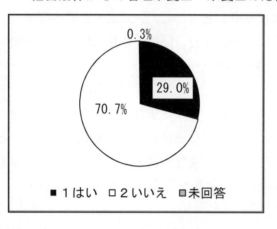

0.3%

29.0%

70.7%

■ 1はい　□ 2いいえ　□ 未回答

被災者の栄養・食生活支援にあたる管理栄養士又は栄養士について、他自治体や関係団体等から派遣を要請することとしている自治体は約3割です。

TOPIC

　派遣を受け入れて助かったこと（派遣支援活動ガイドラインインタビュー調査）

　東日本大震災での支援活動について、被災地3県（岩手県、宮城県、福島県）にアンケート又はインタビュー調査を実施（平成24年度地域保健総合推進事業「保健所管理栄養士の検証に基づく栄養・食生活支援の評価と人材育成に関する検討事業」分担事業者：小田雅嗣）。調査結果の中から「派遣を受け入れて助かったこと」について被災市町村は以下のとおり回答があった。

・炊き出し、病態栄養指導、摂食指導、調理指導、栄養指導、自衛隊との連携等、<u>少数である市町村管理栄養士の手が回らないところに対する活動</u>をしていただき、本当に助かった。

・<u>被災地市町村職員の負担軽減となる活動</u>

・<u>被災経験に基づく助言</u>、避難所及び在宅個別支援実施、避難所調査データの入力・集計実施における<u>マンパワー強化</u>

・<u>マニュアルや参考資料の提供</u>

・<u>支援物資の提供</u>（高齢者食、離乳食、栄養補助食品等）

・<u>通常業務（乳幼児健診）実施への協力</u>

・<u>精神面でのフォロー</u>

＜参考～地域保健従事者の派遣支援活動ガイドライン（平成 24 年度地域保健総合推進事業「保健所管理栄養士の検証に基づく栄養・食生活支援の評価と人材育成に関する検討事業」分担事業者：小田雅嗣）より。～＞

【派遣の実際】

派遣者の選定

●第 1 班については受入れ側の体制が未整備であることが想定されるため、健康上の不安がなく、経験豊富な管理栄養士又は栄養士で、災害活動の経験者が望ましい。

●第 2 班以降については、継続支援ができるよう業務を配慮し、本庁で調整する。

●経験不足者は単数でなく、行政経験豊富な者と組み合わせるなどの調整をする。

派遣期間

●1 班の派遣は、概ね 7 日程度とし、往復の交通に要する時間を含まず最低 5 日間は現地で活動できることが望ましい。

●ただし、災害直後の厳しい状況下で不眠不休の活動をする場合や、宿泊場所が確保できない場合などは、派遣職員の心身への影響・疲労度等も勘案し派遣期間を検討することも必要である。

●現地で半日程度の引継ぎ時間を確保するため、チーム毎の派遣期間に重なりを設ける。

引継ぎ方法

●現地職員の負担を考慮した支援活動を継続的に実施するためには、チーム間で確実な引継ぎが必要である。以下の点について、確実に引き継ぐよう留意する。

・現地の概要（支援組織、現地担当者、被災状況及び復旧状況等）

・栄養、食生活に関する現況と支援状況

・担当する栄養、食生活支援の業務内容

・活動報告の方法（現地担当者及び派遣元への報告、報告様式等）

・避難所、仮設住宅等地図、必要物品等設置場所確認

・一日のタイムスケジュール、一週間の流れ

・その他

必要装備

●活動時の服装

□自治体の防災服、所属及び職名が記されたベストや腕章等

□本人の名札（身分証明書）

□靴は底の厚いもの、災害状況によっては安全靴（長靴）

□防寒服（特に冬季は保温に留意）

□フード付き合羽（雨天時）

□必要に応じてヘルメットや軍手

●携帯品

□リュックサック（両手が使え、動作がしやすい）

□ウエストポーチ（貴重品など）

●栄養・食生活支援に必要な物品

□各種資料（離乳食、食物アレルギー、糖尿病・高血圧・腎臓病等、嚥下困難、褥瘡等）

□食品成分表、食品 80kcal ガイドブック等

□電卓

□キッチンスケール

□デジタル塩分測定器

□エプロン、三角巾、マスク

□記録用紙

□ガイドライン、マニュアル等

●管理栄養士又は栄養士専用で必要とするもの

□パソコン（無線 LAN 付き、栄養計算ソフト入り）

□派遣管理栄養士が継続携帯できる電話（管理栄養士共通番号）

□活動車両（専用に使用できることが望ましい）

●地域保健従事者チーム共用活動用品

□事務用品（マジック、ポスター用紙、印刷用紙、付箋、セロテープ、ガムテープ、ホッチキス、はさみ、ダブルクリップ、ボールペン、ファイル、バインダー等）

□IT 機器（プリンター、デジタルカメラ、USB フラッシュメモリー等の記憶装置、パソコン、延長コード、携帯ラジオ、乾電池、携帯電話充電器等）

□その他（地図、マスク、ビニール袋、ごみ袋、ウェットティッシュ、タオル、消毒用アルコール、懐中電灯等）

●個人物品
□健康保険証、常備薬
□宿泊セット、着替え、寝袋、カイロ（冬季）、上履き、マスク
□水筒（水）、非常食、携帯食

●支援者の基本姿勢
・派遣先の管理栄養士等職員自身も被災していることを念頭におき、被災地の住民への支援活動と現地職員を支援する役割を認識して行動する。
・被災地の職員に余分な負担をかけることがないよう、筆記用具から報告書作成に至るまで、支援活動に必要な物品を持参するとともに、引継ぎなどについても自己完結を図る。
・混乱の中で被災地職員が具体的な指示をだすのは困難なことも想定されるため、割り当てられた業務のみではなく、栄養・食生活支援について、派遣管理栄養士が自ら考え、現地の了解を得た上で主体的に活動していく必要がある。
・被災地は勉強の場ではない。

●支援活動の留意点
・自分自身の健康管理に注意し、自分の身は自分で守るよう心がける。
・被災者のプライバシーの保護及び秘密の保持に配慮する。研究目的の調査は行わない。
・避難所等への往復にあたっては、自主的な活動に心がける。
・支援活動等の状況共有を目的に行われるミーティングには必ず参加できるようにする。
・栄養、食生活支援をした結果や栄養に関する問題がある被災者の状況等は、活動記録に必ず記入し、現地で担当する保健所管理栄養地等に提出し、情報をつなげる。
・避難所支援をする場合、各避難所のリーダー（責任者）に必ず挨拶をし、支援目的を明確に伝えて、まずは代表者等に食生活状況を聞く、また、最後にリーダーに支援した内容を簡単に説明し、必要に応じて「連絡票」の提示をする。

●支援活動の実際
・被災者に負担をかけないよう、共感的に、状況をよく見て思いやりのある態度で対応する。
・最初の挨拶は重要であるので、自己紹介をして役割を述べる。
・説明は分かりやすく十分に、ゆっくり話す。
・心の傷を深め、不安感を増すような言葉は使用しない（お気持ちは分かります、きっとことが最善だったのです、彼は楽になったんですよ、これが彼女の寿命だった

のでしょう、頑張ってこれを乗り越えないといけません、できるだけのことはやったのです等）。

・被災者及び支援活動をしている市町村職員やボランティアは、毎日の緊張の中で精一杯の行動を繰り返しているので、現場の状況を見て批判するような発言、命令するような発言は絶対しない。

・支援活動中は心身ともにストレスがかかるというリスクが生じるため、十分なセルフケアが必要だが、一人だけで対応しないよう、仲間に伝えるようにする。

支援者の持参品一覧チェック票

	品名	確認	品名	確認
栄養・食生活支援	パソコン（無線ＬＡＮ付）		食品成分表	
	携帯電話（専用）		電卓	
	栄養計算ソフト		スケール	
	食品成分表		参考資料 （食品８０kcalガイドブック等）	
	ガイドライン		各種栄養指導資料	
	記録用紙		エプロン	
	マスク		三角巾	
保健チーム共用活動用品	マジック		プリンター	
	ポスター用品		デジタルカメラ	
	印刷用紙		ＵＳＢフラッシュメモリー等	
	付箋		延長コード	
	セロテープ		携帯電池充電器	
	ガムテープ		携帯ラジオ	
	ホッチキス		乾電池	
	はさみ		地図	
	ダブルクリック		ビニール袋	
	ボールペン		ごみ袋	
	ファイル		ウエットティッシュ	
	バインダー		タオル	
	懐中電灯		アルコール消毒	
個人物品	防災服		雨具（フード付き合羽、傘）	
	ビブス（所属・職名入）		非常食	
	名札		水筒（水）	
	スニーカー（厚底）		長靴（安全靴）	
	上履き		防寒具（夏季不要）	
	健康保険証		カイロ（夏季不要）	
	常備薬		寝袋	
	宿泊セット		キャンプ用マット（床敷用）	
	着替え		ヘルメット	
	小銭、テレホンカード		軍手	
	リュックサック		ウエストポーチ	

TOPIC

派遣元に対する要望（派遣支援活動ガイドラインインタビュー調査）

東日本大震災での支援活動について、被災地3県（岩手県、宮城県、福島県）にアンケート又はインタビュー調査を実施（平成24年度地域保健総合推進事業「保健所管理栄養士の検証に基づく栄養・食生活支援の評価と人材育成に関する検討事業」分担事業者：小田雅嗣）。調査結果の中から「今後、被災地にとってより良い支援となるために、派遣元に対する要望」について以下のとおり回答があった。

【被災市町村】
- 活動期間の統一及び調整（できるだけ長期に各自治体から合計で2か月くらい）
- 派遣人数の調整（活動人数にバラツキがあると活動計画が立てにくい）
- 継続した派遣体制
- できるだけ派遣者が単独で活動できるように、毎回市町村が案内しなくても自分で活動してほしい
- 当初は一緒になって動き、次の段階から方策等の情報提供
- パソコン、車、携帯電話、栄養指導に必要なリーフレット、食材
- 専門的スキル、人格、企画調整能力に優れた方

【被災保健所】
- 派遣期間の統一
- 最低でも1週間単位での活動支援で継続的な派遣
- 市町村のニーズに応じた柔軟な対応ができる派遣体制（期間、人数、次期等）
- 複数（2名以上）によるチームでの派遣または保健師チームに1名は管理栄養士を配置する体制がほしい。栄養士の支援ニーズが高いがなかなか支援がこなくて困った
- 発災当初に専門職の立場で避難所の食事状況を伝えることができる体制づくり
- 派遣者の心得の十分な理解（専門的スキル、人格、企画調整能力に優れた管理栄養士の派遣）
- 毎日のミーティングに合わせた派遣入り
- 車、パソコン（メール可能）、携帯電話

【応援保健所】
- 最低でも10日位の派遣（中3日では短すぎる）
- 被災市町村が状況説明しなくてもいいような事前準備（次期派遣チームと1日重複するような期間を設定し、情報引継ぎを実施して欲しい）
- 行政として的確な対応をして派遣期間で完結すること
- 支援に入る被災状況はあらかじめ確認してから来てほしい、応援保健所や被災保健所に情報提供を求められるのは困る

（例）

○○保健所			年　月　日時点

③受援体制の整備

アクションカード

	担当	活動場所	活動内容
①	被災市区町村管理栄養士等又は保健師保健所管理栄養士	市区町村担当課 保健所地域医療対策会議 （OF○○室）	栄養・食生活支援活動に必要な人材を確保する。派遣される管理栄養士等と連携し、効果的な支援活動ができるよう調整する。
②	本庁管理栄養士	本庁担当課	

1. 災害発生！以下の事項を確認してください。

記入者　所属：○○保健所○○課　　　　氏名：○○○○

2. 管理栄養士等について受援計画を立ててください（保健所）。

☐ 被災市区町村の管理栄養士等又は保健師に連絡をとり、管理栄養士等の受援の必要性の有無を確認する（どのような活動で、どのくらいの人手が不足しそうなのか）。

　＊混乱していて必要性の判断がつかないと回答があった場合は、混乱している事自体が支援活動の見通しが立てられない状況であり、受援が必要と判断する。

☐ 受援が必要な場合は、上司と検討の上、受援業務と人数について様式に記載し、被災市区町村の管理栄養士等又は保健師に共有・確認後、本庁管理栄養士に派遣依頼（送付）を行う（裏面）。

☐ 保健所への受援の必要性について、上司と検討の上、受援が必要な場合は、受援業務と人数を記載し、本庁管理栄養士にDHEAT（管理栄養士を構成員とした）の派遣依頼（送付）を行う（裏面）。

3. 応援（派遣）が決定した自治体等の受入体制を整えてください（保健所・市区町村）。

☐ 管内市区町村へ派遣される管理栄養士等が到着した時に、誰がオリエンテーションをするか決める。

　＊最初の派遣グループは保健所管理栄養士又は市区町村管理栄養士等が実施し、その後のグループは同じ都道府県等のグループ間で引き継ぎは行ってもらう等、臨機応変に方法を考える。

　【オリエンテーションの内容例】
　　活動場所となる市区町村の被害状況について、これまでの活動内容について、避難所等で提供されている食事状況について、管内量販店の開店状況について、活動報告やミーティングについて等

☐ 派遣される管理栄養士等の情報を派遣先の市区町村管理栄養士等又は保健師に伝え、応援してもらう活動内容について打ち合わせを行う。

☐ 被災地における日々の活動内容や課題等の情報を共有し改善するため、保健所・市区町村・応援管理栄養士等・JDA-DAT等との連絡会の開催について、保健所と市区町村の管理栄養士等又は保健師と協議し、時間や場所等を事前に決めておく。

4. 応援（派遣）管理栄養士を受け入れたら。

☐ 被災地において、全体の支援活動や活動上の課題等を共有し解決することを目的に、連絡会を開催する。連絡会の内容により、災害対策本部や他部署との連携が必要な場合は調整を行う。

☐ 発災後、他の自治体から派遣される支援チームは、日の経過とともに縮小されるため、活動内容と市区町村管理栄養士等との引継ぎについて検討し、上司と相談の上、栄養業務計画を作成する。

受援担当者連絡先

所属	担当者名	連絡先	備考
都道府県庁	○○○	○○—○○○○	
市区町村	○○○	○○—○○○○	

（参考）受援内容の計画例

受援業務（何を）	受援人数		依頼先
備蓄食料及び支援物資の栄養量調整（手配）		1名	行政管理栄養士
要配慮者の食品手配（特殊栄養食品ステーション設置）	ステーション数（　）箇所×2名	名	栄養士会
提供食の調整支援（炊き出し、弁当等）		2名	行政管理栄養士
避難所の食事調査・評価（要配慮者含む）	避難所数（　）か所/5か所×2名	名	行政管理栄養士又は栄養士会
避難者への巡回栄養相談	避難所数（　）か所/5か所×2名	名	栄養士会又は行政管理栄養士
避難所の食品衛生助言、食品保管状況の確認・指導	避難所数（　）か所/5か所×2名	名	行政管理栄養士又は食品衛生監視員
栄養・食生活支援コーディネート（派遣栄養士の活動調整、通常業務の再開計画等）		1〜2名	行政管理栄養士（DHEAT）
特定給食施設等への食事提供支援（保健所）	被災施設数（　）か所/3か所×1名	名	行政管理栄養士

※他カードで必要事項としてあげられた項目についても掲載する。

□ **（14）　関係機関との連携**

・発災時の栄養・食生活支援活動を実施するにあたり、被災市町村及び管轄保健所の管理栄養士又は栄養士をはじめ、他自治体派遣の管理栄養士又は栄養士や日本栄養士会（JDA-DAT）や都道府県栄養士会、管内病院及び福祉施設等の管理栄養士又は栄養士、学校給食センター管理栄養士又は栄養士等、同じ専門職が被災者の健康的な栄養管理の実現に向け、連携した取組みができるよう、相談・調整窓口として、また、定期的な会合をするためのコーディネーターとしての役割を担うことが必要となる。【市町村・保健所】

・管理栄養士又は栄養士の同職種だけでなく、被災地には他職種のチームや、炊き出しを協力いただく食生活改善推進員や婦人会等の団体とも、活動するうえでの課題等を共有し、解決するための調整を行う。【市町村・保健所】

・発災時に連携した活動を円滑に進めるためには、平常時からの顔のみえる関係づくりが重要である。

□ **（15）　通常業務の再開**

・発災時は、支援活動を優先して取り組むことになるが、平常時の市町村保健事業又は保健所業務において、中止または延期ができない事業を洗い出し、実施方法について検討する。また、延期を決めた事業についても、いつからどのように再開するのか、再開計画をたてることが必要である。なお、派遣管理栄養士又は栄養士に災害時の支援活動を要請し、通常業務の実施及び再開ができるように役割分担することが望ましい。【市町村・保健所】

□ **（16）　支援活動のまとめと検証**

・被災側、派遣側ともに、発災後の栄養・食生活に関する支援活動について、検証することは、今後の災害への備えのためにも重要である。

□　活動内容の振り返りを行う

・本ガイドラインで示す（（3）提供食の把握〜（15）通常業務の再開）支援活動チェックリストを参考に、実際の活動のなかでできたこと、できなかったことと整理する。【市町村・保健所・本庁】

・実際の活動で、できたことについて、できた要因を、できなかったことについて、できなかった要因を検討し、抽出する。【市町村・保健所・本庁】

□　災害時対応マニュアル等の見直しを行う

・特にできなかった活動について、今後実施するために必要なことを抽出し、マニュアルの整備や地域防災計画の修正、備蓄食品の内容改善等、平常時からの準備で対応できるものは、関係各課と連携の上、対応する。【市町村・保健所・本庁】

□　情報を共有する

・管理栄養士又は栄養士間での検証の他に、他職種も含めた組織内での検証の中に、栄養・食生活支援活動も含め、情報を共有するための会議や研修会等を開催し、継続的な啓発を行う。【市町村・保健所・本庁】

通常業務の再開計画書（例）

分類	業務名	被災月 期日	被災月 実施状況	被災月 実施場所	被災月 人員	被災月 開始時期	被災月 要受援	1か月後 期日	1か月後 実施状況	1か月後 実施場所	1か月後 人員	1か月後 要受援	2か月後 期日	2か月後 実施状況	2か月後 実施場所	2か月後 人員	2か月後 要受援
母子	3ヶ月児健診(1/月)	10日	延期（中止）	別途確保	減	来月	要	10日	実施（延期・中止）	○○	7→4	2	10日	実施（延期・中止）	保健センター	7	0
母子	6ヶ月児健診(1/月)	5日	延期（中止）	別途確保	減	来月	要	5日	実施（延期・中止）	○○	7→4	2	5日	実施・延期・中止	保健センター	7	0
母子	1.6ヶ月児健診(1/月)	15日	延期（中止）	別途確保	減	来月	要	15日	実施（延期・中止）	○○	7→4	2	15日	実施・延期・中止	保健センター	7	0
母子	3歳児健診(1/月)	20日	延期（中止）	別途確保	減	来月	要	20日	実施（延期・中止）	○○	7→4	2	20日	実施・延期・中止	保健センター	7	0
母子	就学前健診(1/月)	30日	延期（中止）	別途確保	減	来月	要	30日	実施（延期・中止）	○○	7→4	2	30日	実施・延期・中止	保健センター	7	0
母子	離乳食教室(1/2月)	25日	実施（延期・中止）	保健センター	維持	再来月	不	日	実施（延期・中止）			0	25日	実施（延期・中止）	保健センター	1	0
母子	母子手帳交付(随時)	随時	実施・延期・中止	庁舎	1事務		不	随時	実施・延期・中止	庁舎	1事務	0	随時	実施・延期・中止	庁舎	2	0
成人	男性料理教室(3/年)	日	延期（中止）	保健センター	維持	○月	不	日	実施（延期・中止）				日	実施（延期・中止）			
老人	介護予防教室(4/年)	日	延期（中止）	保健センター	減	再来月	不	日	実施・延期・中止				日	実施・延期・中止	保健センター	2	0
健診	特定健診(○月)	日	実施（延期・中止）	別途確保	減	来月	要	18日	実施（延期・中止）	○○	4→3	1	日	実施（延期・中止）			
健診	特定保健指導(○月～)	日	実施（延期・中止）	別途確保	減	再来月	不	日	実施（延期・中止）				18日	実施（延期・中止）	保健センター	4	0
健診	がん検診(○月)	日	実施（延期・中止）	別途確保	減	来月	不	18日	実施（延期・中止）	○○	4→3	0	日	実施・延期・中止			
健診	後期高齢者健診(○月)	日	実施（延期・中止）	別途確保	減	来月	不	18日	実施（延期・中止）	○○	4→3	0	日	実施・延期・中止			
訪問	家庭訪問(○月～)	日	延期（中止）		維持	再来月	不	日	実施（延期・中止）	○○			日	実施（延期・中止）		2	0
会議	健康づくり推進協議会(2/年)	日	延期（中止）					日	実施・延期・中止				日	実施・延期・中止			
会議	食育連携会議(2/年)	日	延期（中止）					日	実施・延期・中止				日	実施・延期・中止			
組織地区	栄養教室(8/年)	日	延期（中止）					日	実施・延期・中止				日	実施・延期・中止			
組織地区	食生活改善推進員活動	日	延期（中止）					日	実施・延期・中止				日	実施・延期・中止			
災害対応業務 マネジメント	情報収集		備蓄及び物資、提供食の把握、避難者ニーズの把握				6		物資、提供食の把握、避難者ニーズの把握			6		物資、提供食の把握、避難者ニーズの把握			4
	分析評価		提供食の食事調査						提供食の食事調査					提供食の食事調査			
	対策立案・支援要請		業務計画、災害対応計画の作成				1		業務計画、災害対応計画の作成			1					
	関係機関との連絡調整		炊き出し団体、弁当業者、JDA-DATとの調整				2		炊き出し団体、弁当業者、JDA-DAT等との調整			2					
	受援体制の整備		受援内容の計画、要望				1		受援内容の計画、要望			1					
保対人（参考）	避難者の健康管理		個別巡回相談、普及啓発				6		個別相談、普及啓発			6		個別相談、普及啓発			2
保対人（参考）	要配慮者の健康管理		特殊栄養食品確保・配布、個別巡回相談				10		特殊栄養食品確保・配布、個別相談			6		特殊栄養食品確保・配布、個別相談			4
保対物	避難所の食事提供		提供食の栄養確保、炊き出しボランティアへの啓発				4		提供食の栄養確保、炊き出しボランティアへの啓発			4					
保対物	要配慮者の食事提供		要配慮者の食事提供				4		要配慮者の食事提供			4					2
保対物	避難所等の食品衛生助言		衛生管理状況の把握、助言、普及啓発				6		衛生管理状況の把握、助言、普及啓発			6		衛生管理状況の把握、助言、普及啓発			2

Ⅲ　平常時の準備

1　支援体制の整備

□　管理栄養士又は栄養士を適正配置する

　被災者支援を担う市町村において、管理栄養士又は栄養士の配置状況により栄養・食生活支援に係る対応は大きく異なる。必要な支援が可能となるよう平常時から適正な配置をしておく。【本庁、保健所、市町村】

□　災害時の栄養・食生活支援活動に係る共通理解を得ておく

　災害時の栄養・食生活支援活動の必要性について、所内及び自治体内で理解を得ておくことが、実際の活動において有効である。特に、平常時から行政管理栄養士又は栄養士の活動を通し、顔のみえる関係づくり（信頼）や専門職としての発言力、調整力を発揮しておくことが必要である。【本庁、保健所、市町村】

□　災害時の栄養・食生活支援活動に係る要請ができる

　災害の規模に応じて必要な人的、物的要請を関係部署に伝えることができるよう、連携体制を整備しておく。【本庁、保健所、市町村】

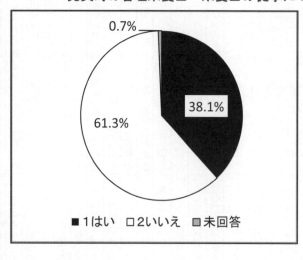

TOPIC

発災時の管理栄養士・栄養士の従事について（市町村・特別区調査）

0.7%
61.3%
38.1%

■ 1はい　□ 2いいえ　■ 未回答

発災時に、栄養・食生活支援の担当として、管理栄養士又は栄養士が従事することとじている自治体は約4割です。

2　地域防災計画またはマニュアル等の整備、教育研修

□　地域防災計画に、栄養・食生活支援に係る内容を記載する

　　地域防災計画に、被災者への食料供給体制や栄養・食生活支援体制、要配慮者への支援体制、一般家庭における食料備蓄の普及啓発の 4 項目は掲げ、行政内での周知をしておく。なお、各項目の詳細については、別途、マニュアル等を整備しておく。【本庁、市町村】

（栄養・食生活支援に係る内容例）

> □　食料供給体制の記載
>
> 　　備蓄量、備蓄方法、備蓄場所、輸送方法、備蓄内容等
>
> □　栄養・食生活支援体制の記載
>
> 　　被災者の健康及び栄養状態の維持（提供食の栄養基準設定、献立作成、食事調査・評価等）、栄養相談対応、食品衛生助言等
>
> □　要配慮者への支援体制記載
>
> 　　要配慮者の設定、把握方法、提供食の内容、個別相談対応等
>
> □　一般家庭における食料備蓄の普及啓発の記載
>
> 　　備蓄量、備蓄内容、熱源確保、調理法等

□　災害時の栄養・食生活支援に係るマニュアル等を整備する

　　災害発生時は、所内にいる職員または登庁できた職員で対応することになる。そのため、災害時の栄養・食生活支援に必要な事項及び帳票類の整備、周知をしておく。【本庁、保健所、市町村】

（発災直後に対応すべき優先事項）

> □　市町村の管理栄養士・栄養士又は保健師の出勤状況（連絡網）
>
> □　管内給食施設の被災状況確認（連絡網、EMIS）
>
> □　本庁へ被災状況（概要）の報告（電話、メール）
>
> （避難所開設後に対応すべき事項）
>
> □　避難所等への食品提供状況確認（災害対策本部、EMIS）
>
> □　要配慮者の把握（避難所受付票、健康相談票、避難所避難者の状況日報、EMIS）

□　ボランティア等の地区組織との協力体制を整備する

　　炊き出し等の食事提供は、地区組織等の協力を得て市町村が実施する。炊き出しのできる場所や必要な器具などをリスト化し、周知を図っておく。【市町村】

　　また、管内の学校給食施設等で炊き出しができる施設をリスト化し、その施設と食事提供に関する協定を締結しておく。【市町村】

□　**災害時の栄養・食生活支援に係る研修を開催または受講する**

　　地域の体制に応じた支援活動について、整備したマニュアル等の普及や連携した取組みの実現に向け、所内（課内）職員はもとより、関係各課や関係機関、団体等との検討会や研修会を開催又は参加し、災害時の対応に備える。【本庁、保健所、市町村】

TOPIC

職員の研修の受講状況について（市町村・特別区調査）

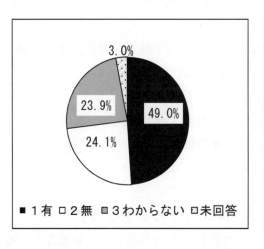

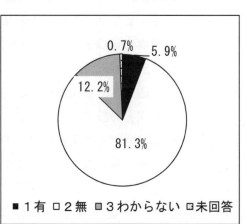

災害時の栄養・食生活支援に関する研修（都道府県、保健所、各種団体等が主催）を受講したことがある保健担当職員（保健師、管理栄養士等）は約5割、防災担当職員（事務職等）は、5.9%です。

3　提供食の把握について

□　**災害時に被災者へ提供する食事内容を把握する**

　　都道府県及び市町村の地域防災計画等を参考に、管内又は各市町村の備蓄状況や提供食について把握しておく。また、栄養・食生活支援の視点から必要な食料等について、市町村の防災担当課及び食料供給の担当課へ提案する。【保健所、市町村】

□　**食事提供に係る担当部署を把握する**

　　市町村の防災計画をもとに、食料及び水の供給の担当部署を把握しておく。また、平常時から担当課の職員と顔の見える関係を構築しておく。【保健所、市町村】

☐ **食事調査の方法を設定する**

　避難所等で提供される食事について、適切なエネルギー及び栄養量を確保するために、食事調査を実施する。【本庁、保健所、市町村】

　食事調査の実施にあたり、調査方法や調査に必要な人材（管理栄養士または栄養士）の確保、集計・解析方法等について設定しておく。また、集計及び解析については、大学等の協力を得る等、迅速に実施できる体制を整備する。【本庁、保健所】

4　要配慮者の把握について

☐ **栄養・食生活支援が必要な要配慮者の対象を決めておく**

　災害時に、食事に関する対応が必要となる者の対象を保健師等と連携し、保健活動の対象とあわせて決めておく。【本庁、市町村】

（把握対象例）

```
☐　摂食・嚥下困難者（高齢者、障がい者含む）
☐　食事制限がある慢性疾患者（糖尿病、高血圧、腎疾患等）
☐　食物アレルギー疾患者
☐　乳児（母乳、粉ミルク、特殊ミルク、離乳食）
☐　妊産婦
☐　身体・知的・精神障害者
☐　経管栄養（胃瘻、鼻腔）
☐　その他（　　　　　　　　　　　　　　　　）
```

☐ **栄養・食生活支援が必要な要配慮者数を推定しておく**

　要配慮者数の把握は、災害時に避難所等での受付等を利用して把握することとなるが、事前に乳幼児健診や特定健康診査、レセプト等の情報を基に、対象数を推定しておくと、要配慮者に必要な備蓄食品の準備に有効である。【本庁、市町村】

☐ **栄養・食生活支援が必要な要配慮者の把握方法を決めておく**

　要配慮者数の把握は、災害時に避難所等での受付等を利用して把握するか、もしくは事前に保健師等と連携し、既存の台帳の整理またはリスト及びマップ化し、該当者を把握しておく。必要に応じ民生委員との打合せも行っておく。【市町村】

5　特定給食施設等の支援について

☐　管内給食施設の非常食備蓄状況を把握しておく

平常時に巡回指導等を利用して、各給食施設の非常食備蓄状況について把握し、必要な整備がされるよう助言する。【保健所】

（備蓄状況のチェックポイント例）

☐　備蓄日数：３日分以上

☐　備蓄量：入所者数　＋　職員数（当直、深夜勤務等）　＋　避難者数（福祉避難所の場合）

☐　非常食の種類：一般用、特別食用、摂食・嚥下困難者用、経管栄養等

☐　非常食の献立：提供種類別に献立例を作成しているか

☐　非常食の栄養量：１人１日当たり目標量（平常時）を満たしているか

☐　熱源の確保：電気、ガスの供給がない場合の対応があるか

☐　食器等の準備：使い捨て食器、はし、スプーン等の準備をしているか

☐　保管場所：場所が明確になっているか、適正な場所に保管されているか

☐　非常食の更新：賞味期限が過ぎていないか、更新して補充されているか

☐　提供方法：エレベーターの停止やスタッフ不足の場合の配膳方法を決めているか

☐　他職種への周知：給食部門以外の職員に非常食の場所や献立、提供方法等について周知しているか

☐　施設内の災害時対応マニュアル等が整備されているか把握しておく

発災により、施設の管理栄養士または栄養士や調理従事者も被災する場合があり、入所者への食事提供や栄養管理に係る対応について、マニュアル等を整備し、施設内で周知されるよう助言する。【保健所】

（マニュアルのチェックポイント例）

☐　発災時の連絡、指示体制が整備されている

☐　厨房設備が使用不可となった場合の給食提供方法を検討している

☐　調理従事者が不足する場合の対応方法を検討している

☐　搬入業者による食材搬入が困難な場合の対応を検討している

☐　災害時の対応訓練を施設内や協定施設間で実施している

☐　他施設との連携体制を整備しているか把握しておく

☐　発災により自施設での給食提供が不可となった場合に備え、他施設との連携（支援協定）が可能であるか検討している（食支援、人的支援）

TOPIC

精神科病院間の連携体制事例（非常食の共通備蓄）

　熊本県精神科協会栄養部小委員会は、平成 25 年度から自然災害や院内感染の発生時においても適切な栄養管理や食事提供を行うために、会員同士のグループワークや事例検討等を行ってきた。そして、災害発生時の支援（共助）体制を整備する作業チームを編成してマニュアル検討を行った。マニュアル作成にあたっては熊本県精神科協会理事会へ提案し賛同を得た。マニュアルは、災害（自然災害、火災、食中毒等をいう）が発生し、被災した病院が独自で食事を提供することが困難となった場合に熊本県精神科協会が連携し、被災病院へ非常食の提供を速やかに行うための事項を定めている。非常食は統一献立（常食・軟食）とし、各病院での備蓄とは別にプラス 1 日分を備蓄している。非常食の提供について、県内を 7 つのエリアに区分し、エリア内又はエリア間で提供することとし、毎年 1 回搬送訓練を行っている。訓練には各病院の多職種が参加し、訓練後にはミーティングを行い、振り返りを行っている。

（訓練の様子）

6　被災者支援について

☐　避難者への食事提供方法を検討しておく

　　発災による避難者は、避難所に限らず、車中や軒先、野外等、さまざまな場所に避難する場合を想定し、さまざまな場所に避難している住民にどのように食事を提供するのか、要配慮者の把握等、事前に関係各課と連携し、把握する方法や食事の提供方法等について協議しておく。【市町村】

☐　食事提供の担当部署との連携体制を整備する

　　地域防災計画において、避難所等の食料調達を担当する部署と連携し、避難者へ提供する食事の内容について、エネルギー及び栄養量の確保や要配慮者への対応（アレルギー対応食、食事制限のある方への提供、離乳食の提供、摂食・嚥下困難な方への提供等）の方法について、事前に検討し、備蓄や協定、炊き出し等の準備に反映させる。【市町村】

□　**避難者へ自助による食料調達のための啓発資料を作成しておく**

　　被災規模が大きい場合や、発災初期、避難者数が多い場合等、避難者へ提供する食事のエネルギー及び栄養量の確保や要配慮者への個別対応が難しい場合がある。一方、被災地の復旧が進み、コンビニエンスストアやスーパー、飲食店等が再開され、食料調達が可能となった場合、不足する栄養素の補給について、自助による調達も含め啓発する。【保健所、市町村】

□　**個別の栄養相談の実施方法を設定しておく**

　　避難所生活が長期化することで、食欲不振や便秘、口内炎等の症状が現れる場合がある。また、疾病を持ち食事制限が必要な方やアレルギー疾患の方等、食事摂取に特別な配慮が必要な方等、個別に食事について相談を受ける体制を整備しておく。なお、個別相談の対応は、所属の管理栄養士または栄養士では対応できない場合があるため、人材の派遣を要請するよう計画しておく。【保健所、市町村】

□　**食品衛生担当部署との連携及び役割分担**

　　避難所等での食事や食料の保管について、適切な温度管理ができるよう、冷蔵庫の設置や、保管場所について事前に検討しておく。【市町村】

　　発災後は、職員の業務が増大し、また啓発資料作成にパソコンやプリンターが使えない等、資料作成が困難になることも想定されるため、平常時に啓発資料等を作成し、すぐに活用できるようにしておく。【市町村・保健所】

□　**福祉避難所での食事提供支援の整備を図る**

　　福祉避難所で避難者を支援する場合の食事提供について、施設担当者と事前に協議をしておくことが望ましい。施設で備蓄されている非常食または給食が提供されることになることから、避難者の受入れ数に応じた備蓄や給食提供が可能となるよう依頼する。【市町村】

　　なお、非常食の備蓄内容等については、特定給食施設指導等の業務を活用して確認を行う。【保健所】

□　**仮設住宅での支援体制を整備しておく**

　　避難所から仮設住宅への居住が始まると、これまでの提供される食事から自分で食事を確保することになるため、食材の入手がしやすい環境にあるのか（近くに店がある、移動販売車の手配、買い物ボランティアの活動調整等）、事前に配慮が必要である。【保健所、市町村】

　　また、仮設に移動した直後は、今後の生活に不安を感じている被災者が多いこと

から、保健師等と連携し、個別訪問により復興に向けた健康づくりを支援する。【保健所、市町村】

　仮設住宅団地ごとに集会所が設置される場合は、自治会や食生活改善推進員等と連携し、健康教室や調理教室を開催する。【市町村】

7　健康な食に関する普及啓発・健康教育について
□　家庭での非常食備蓄や災害時の調理工夫等の普及啓発を行う

　大規模災害では、行政の対応が機能するまでに時間を要することが予測されるため、一般家庭の食料備蓄（最低3日分、できれば1週間分）を喚起する。【市町村】

（備蓄する食品例）

> 水：1人 2L 程度
> 主　食：アルファ化米、パウチおかゆ、パックごはん、缶パン、シリアル、カップ麺、乾麺（パスタ、うどん、そうめん等）、無洗米等
> おかず：缶詰（肉、魚、大豆等）、パウチ食品（野菜等）、レトルト食品（カレー、ハンバーグ、おかずの素等）、インスタント食品（味噌汁、スープ）、乾物（わかめ、ひじき、切り干し大根、高野豆腐等）
> その他：スキムミルク、野菜ジュース、栄養調整食品（固形、ゼリー、飲料）、菓子類、粉ミルク、アレルギー用ミルク、アレルギー対応食品、レトルト離乳食、高齢者用（やわらかおかず、とろみ剤等）、糖尿病用食品（人工甘味料、低糖質食品）、腎臓病用食品（低たんぱく食品）、高血圧用食品（減塩食品）等
> 食品以外：カセットコンロ、使いすて食器（割り箸、紙皿等）、ビニール袋、ラップ、アルミホイル、使い捨て手袋、ナイフ、缶きり、ウェットティッシュ、アルコール、ハイター等

（備蓄食材のローリングストック例）

> 　備蓄食料は、賞味期限があるため、普段の食事に利用できる缶詰やレトルト食品などを備蓄食料とし、賞味期限前に消費し、使用した分を新しく買い足して、常に一定量の備えをしていく等の工夫について啓発を行い、継続的な備蓄を勧める。【市町村】

TOPIC

災害時のパッククッキング事例（日本栄養士会）

　平時よりパッククッキングの方法を習熟し、いざという時に活用できるようにすることが必要である。日頃からパッククッキングに必要な物を準備し、実際に調理し使い慣れていないと、いざというときにできるとは限らないのである。そして、出来上がった料理を実際に試食するなどして、食べ慣れておくことが重要である。特に乳幼児は「災害時だから我慢して食べなさい、」といっても食べてくれるとは限らない。いつも食べ慣れている味で落ち着く効果が期待できる。

　公益社団法人日本栄養士会では「JDA-DAT 絆プロジェクト」として JDA-DAT トーアス号・河村号という災害支援車両に搭載されているキッチンボックス等（写真 1）の資機材を活用してパッククッキングの実演等の研修会等を開催している。全国各地で管理栄養士・栄養士、調理師への研修会や、地域住民の方々（自治会・老人会・婦人会・PTA 等の団体等と連携）への防災訓練等の機会に、パッククッキングの実演等（写真 2）を実施している。できるだけ多くの方々がパッククッキングの方法を知っておくことで、災害時に要配慮者等へ特別な食事提供といった支援が可能となる。

　今後ともパッククッキングの研修・講演会等を通して、JDA-DAT 絆プロジェクトを拡充し、パッククッキングへの取り組みを推進していくことが、平時からの防災意識の醸成や災害時において有効と考える。人は食べなければ生きていけない。パッククッキングの有効活用により避難生活での食事が適切に摂取及び提供されることが、災害時の被災者の健康状態を保つ上では重要である。

8　備蓄（協定）について

□　避難者に必要なエネルギー及び栄養量を確保する

　　　　災害時の非常食の提供は、原則市町村が実施することとなる。市町村及び都道府県では非常食を備蓄又は協定を締結し、災害時に提供できる体制を整備している。

　　　　アルファ化米や乾パンといった主食と飲料水を備蓄しているところが多く、おかずとなる缶詰等は協定による提供体制を整備しているところが多い。

　　　　備蓄または協定による食料の確保を検討する際、避難者に必要なエネルギー及び栄養量の確保の観点から、市町村防災担当課と連携し、準備しておくのが望ましい。【市町村、保健所】

□　要配慮者に必要な食料を確保する

　　　　普通の食事を摂取するのが困難な要配慮者（摂食嚥下困難者、疾病による食事制限がある者、食物アレルギーを持つ者、乳児、妊産婦等）に対し、必要なエネルギー及び栄養量を確保することが必要である。市町村防災担当課と連携し、必要な食料の備蓄または協定について整備する。【市町村】

（要配慮者に適した食料例）

> 乳児：粉ミルク、アレルギー用粉ミルク、ベビーフード（離乳食）
>
> 妊婦、授乳婦：野菜ジュース、果実ジュース、麦や強化米、栄養素調整食品（固形、
> 　　　　　　　ゼリー、飲料）、栄養ドリンク、栄養機能性食品等
>
> 高齢者：レトルト粥、汁物、とろみ剤、やわらかおかず（パウチ食品）等
>
> 疾病者：人工甘味料、低糖質食品、低たんぱく食品、減塩食品等

9　炊き出しについて

□　炊き出し担当部署との連携体制の整備

　　　　地域防災計画等に示されている炊き出しの担当課と連携し、炊き出しで提供する食事について、適切な栄養量であること、アレルギー等の要配慮者に対応できること、衛生的な調理・保管ができること等について、協議しておく。【市町村】

□　炊き出しに必要な場所や人員、食材等の確保

　　　　炊き出しの実施場所について、市町村保健センターや公民館等、避難所としても利用される施設の場合、調理施設が避難者の居住や、洗面、洗濯等の生活場面に利用されることもあり、実際、炊き出しの調理が実施できなくなることも予想されるため、予め、炊き出しの実施場所を選定しておき、発災時には避難者の立入を制限する等の処置が必要である。【市町村】

　　　　また、炊き出しを実施する人員について、市町村内の団体等に事前に依頼し、平常

時に炊き出しの訓練等を実施することで、発災時、スムーズに炊き出しを実施することができる。炊き出しに使用する食材の確保方法や調理機器の準備等、事前に整備しておく。【市町村】

　なお、自衛隊に炊き出しを依頼する場合は、調理に必要な食材等は自治体で準備することが必要となるので、事前に食材の確保方法を検討しておく。【市町村】

□　炊き出しの献立または献立作成基準の作成

　炊き出しで提供する食事は、エネルギー及び栄養量をなるべく確保できるよう準備しておく必要がある。また、避難生活が長期化する場合も想定し、同じ献立とならないように、炊き出しの依頼先と事前に協議をしておく。【市町村】

　自衛隊が提供できる献立は、自衛隊員のために作成されたものであり、エネルギー及び栄養量が一般人より高く設定されている。自衛隊の献立を活用する場合は、量を減らす等の対応を事前に検討しておく。【市町村】

（参考）「避難所における食事提供の計画・評価のために当面目標とする栄養の参照量」 に
**　　　対応した食品構成例**

　厚生労働省は、避難所において食事を提供する際の計画・評価のために当面の目標とするべき栄養の参照量を公表した。

　　これは、被災後約３ヶ月頃までの段階で欠乏しやすい栄養素について算定した値である。

　　避難所生活における必要なエネルギーおよび栄養量の確保を目指し安定的に食料供給および食事提供を行うための食品構成例を示した。実際の提供には、対象者の性別、年齢、身体状況、身体活動量等を考慮して弾力的に活用することが望ましい。

　避難所における食事提供の計画・評価のために当面目標とする栄養の参照量
　（厚生労働省）（１歳以上、１人１日当たり）

エネルギー	2000kcal
たんぱく質	55 g
ビタミンB₁	1.1mg
ビタミンB₂	1.2mg
ビタミンC	100mg

※日本人の食事摂取基準（2010 年版）で示されているエネルギー及び各栄養素の摂取基準値をもとに、平成 17 年国勢調査結果で得られた性・年齢階級別の人口構成を用いて加重平均により算出。なお、エネルギーは身体活動レベルⅠ及びⅡの中間値を用いて算出。

　避難所における食品構成例　（国立健康・栄養研究所）

	単位：g
穀類	550
芋類	60
野菜類	350
果実類	150
魚介類	80
肉類	80
卵類	55
豆類	60
乳類	200
油脂類	10

注）この食品構成の例は、平成 21 年国民健康・栄養調査結果を参考に作成したものである。穀類の重量は、調理を加味した数量である。

さらに、食品構成の具体例を示した。被災地での食料支援物資の到達状況やライフラインの復旧状況を鑑み、下記の2パターンを仮定した。

パターン1：加熱調理が困難で、缶詰、レトルト、既製品が使用可能な場合。
パターン2：加熱調理が可能で、日持ちする野菜・果物が使用可能な場合。

避難所における食品構成具体例（国立健康・栄養研究所）

食品群	パターン1（加熱調理が困難な場合）		パターン2（加熱調理が可能な場合）	
	一日当たりの回数※1	食品例および一回当たりの量の目安	一日当たりの回数※1	食品例および一回当たりの量の目安
穀類	3回	●ロールパン 2個 ●コンビニおにぎり 2個 ●強化米入りご飯 1杯	3回	●ロールパン 2個 ●おにぎり 2個 ●強化米入りご飯 1杯
芋・野菜類	3回	●さつまいも煮レトルト 3枚 ●干し芋 2枚 ●野菜ジュース(200 ml) 1缶 ●トマト 1個ときゅうり 1本	3回	●下記の内1品 肉入り野菜たっぷり汁物 1杯 肉入り野菜煮物 （ひじきや切干大根等乾物利用も可） 1皿 レトルトカレー 1パック レトルトシチュー 1パック 牛丼 1パック ●野菜煮物 1パック(100 g) ●生野菜(トマト 1個など)
魚介・肉・卵・豆類	3回	●魚の缶詰 1/2缶 ●魚肉ソーセージ 1本 ●ハム 2枚 — ●豆缶詰 1/2缶 ●レトルトパック 1/2パック ●納豆 1パック	3回	●魚の缶詰 1/2缶 ●魚肉ソーセージ 1本 ●（カレー、シチュー、牛丼、芋・野菜の汁物、煮物）に含まれる ●卵 1個 ●豆缶詰 1/2缶 ●レトルトパック 1/2パック ●納豆 1パック
乳類	1回	●牛乳(200 ml) 1本 ●ヨーグルト 1パック + プロセスチーズ1つ	1回	●牛乳(200 ml) 1本 ●ヨーグルト 1パック + プロセスチーズ1つ
果実類	1回	●果汁100%ジュース〈200 ml〉1缶 ●果物缶詰 1カップ程度 ●りんご、バナナ、みかんなど 1〜2個	1回	●果汁100%ジュース〈200 ml〉1缶 ●果物缶詰 1カップ程度 ●りんご、バナナ、みかんなど 1〜2個

水（水分）を積極的に摂取するように留意する。
※1：「一日当たりの回数」を基本に「食品例」の●を選択する。
例えば、穀類で「一日当たりの回数」が3回であれば、朝：●ロールパン2個、昼：●コンビニおにぎり2個，夕：●コンビニおにぎり2個、といった選択を行う。

避難所等への食料供給に際しては、食品の種類や量の目安を参考に、それぞれの食品群が偏らずに配送されることが望ましい。また、食料が配送された避難所等においては、量の目安や一日当たりの回数を参考に、提供する食事への配分や組み合わせを決定することが望ましい。
特に、肉、魚、野菜、果物等が不足しないようにできる限り留意する。また、菓子パンや菓子類は、災害直後の食料確保が十分でない時期のエネルギー補給には活用できるが、長期間の活用に際して

は、摂取過剰に留意する必要がある。

作成協力：平成 23 年度　厚生労働科学研究費補助金　循環器疾患・糖尿病等生活習慣病対策総合研究事業「日本人の食事摂取基準の改定と活用に資する総合的研究（研究　代表者　德留　信寛）」活用研究班

□　アレルギー疾患者への対応方法の設定

避難所等へ炊き出しを提供する際、避難者が食物アレルギーの原因食物が含まれているのか分かるように、献立表等の掲示を避難所でするように整備しておく。【市町村】

食物アレルギーをもつ避難者への炊き出しの提供について、除去食や代替え食による提供が可能かどうか等、提供方法について事前に協議をしておく。【市町村】

□　炊き出し担当としての管理栄養士又は栄養士の配置計画

炊き出しで提供する食事において、適切な栄養量の確保や、高齢者や食物アレルギー等の要配慮者への対応、食中毒及び感染症予防のための衛生管理といった観点から、炊き出しの食事内容や提供方法に関し、専門職である管理栄養士又は栄養士を担当として配置し、関係課と連携のもと必要な調整を行う体制を整備しておく。【市町村】

１０　弁当等の提供について

□　食事調達部署との連携体制の整備

地域防災計画等で示されている食事調達に係る担当課と連携し、災害時に提供する弁当等の内容について、適切な栄養量の確保ができるよう事前に協議をしておく。【市町村、保健所】

□　弁当業者等との事前協議

災害時に提供する弁当等について、内容や運搬、保管等の方法を事前に協議しておく。また、協議にあたっては、管理栄養士等の専門職と連携して実施する【市町村】

（協議内容のポイント例）

- □　適切な栄養量を確保するために、食品構成等の献立作成基準を示しておく。
- □　要配慮者への対応方法について、ある程度示しておく。
- □　弁当等の運搬方法や保管方法について、食品衛生の観点から、配備が必要な機材等について、協議しておく。
- □　弁当等の残飯や空き箱等の処理について、協議しておく。

□　弁当の給与栄養量の設定

　災害時に提供する弁当等について、適切なエネルギー及び栄養量を確保するため、1日または1食あたりの給与栄養量を設定しておく。【市町村・保健所】

（参考）避難所における食事提供の評価・計画のための栄養の参照量について

1　本参照量は、避難所生活が長期化する中で、栄養素の摂取不足を防ぎ、かつ生活習慣病を予防するため、栄養バランスのとれた適正量を安定的に確保する観点から、食事提供の評価を踏まえた計画の決定のための目安となる量として提示するものである。

2　本参照量は、平時において給食管理を目的として日本人の食事摂取基準（2015年版）を用いる場合の概念をもとに、以下の（1）～（3）を基本的考え方として設定することとした。

（1）　エネルギー摂取の過不足については、利用者の体重の変化で評価することとなるが、参照量については、避難所ごとで利用者の年齢構成や活動量が異なることを勘案し、身体活動レベルⅠとⅡの推定エネルギー必要量を用いて算出し、幅を持たせて示すこととした（表1）。

（2）　たんぱく質、ビタミンB1、ビタミンB2及びビタミンCについては、栄養素の摂取不足を防ぐため、推定平均必要量を下回る者の割合をできるだけ少なくすることを目的とする。特に、たんぱく質については、体たんぱく質量の維持に十分な量を考慮して、参照量を設定することとした（表1）。

（3）　このほか、特定の対象集団について、栄養素の摂取不足を防ぐため配慮を要するものとしてカルシウム、ビタミンA及び鉄について、また、生活習慣病の予防のため配慮を要するものとしてナトリウム（食塩）について、それぞれ配慮すべき事項を設けることとした（表2）。

　なお、利用者の年齢構成等が把握できる場合は、平時と同様、食事摂取基準を活用することになるので、対象特性別の参照量は示さないこととした。

エネルギー及び主な栄養素について

目　的	エネルギー・栄養素	1歳以上、1人1日当たり
エネルギー摂取の過不足の回避	エネルギー	1,800～2,200kcal
栄養素の摂取不足の回避	たんぱく質	55g 以上
	ビタミンB$_1$	0.9mg 以上
	ビタミンB$_2$	1.0mg 以上
	ビタミンC	80mg 以上

※日本人の食事摂取基準（2015 年版）で示されているエネルギー及び各栄養素の値をもとに、平成 27 年国勢調査結果（岡山県）で得られた性・年齢階級別の人口構成を用いて加重平均により算出。

対象特性に応じて配慮が必要な栄養素について

目　的	栄養素	配慮事項
栄養素の摂取不足の回避	カルシウム	骨量が最も蓄積される思春期に十分な摂取量を確保する観点から、特に 6～14 歳においては、600mg/日を目安とし、牛乳・乳製品、豆類、緑黄色野菜、小魚など多様な食品の摂取に留意すること
	ビタミン A	欠乏による成長阻害や骨及び神経系の発達抑制を回避する観点から、成長期の子ども、特に 1～5 歳においては、300μg RE/日を下回らないよう主菜や副菜（緑黄色野菜）の摂取に留意すること
	鉄	月経がある場合には、十分な摂取に留意するとともに、特に貧血の既往があるなど個別の配慮を要する場合は、医師・管理栄養士等による専門的評価を受けること
生活習慣病の一次予防	ナトリウム（食塩）	高血圧の予防の観点から、成人においては、目標量（食塩相当量として、男性 8.0 g 未満/日、女性 7.0 g 未満/日）を参考に、過剰摂取を避けること

「避難所における食事提供に係る適切な栄養管理の実施について」
厚生労働省健康局健康課栄養指導室長　平成 30 年 8 月 1 日　事務連絡

☐　弁当の献立作成基準の作成

提供する弁当は、エネルギー及び栄養量をなるべく確保できるよう準備しておく必要がある。また、避難生活が長期化する場合も想定し、同じ献立とならないように、弁当の依頼先と事前に協議をしておく。【市町村】

（避難所における食品構成例：1人1日あたり）

	単位：g
穀類	550
芋類	60
野菜類	350
果実類	150
魚介類	80
肉類	80
卵類	55
豆類	60
乳類	200
油脂類	10

☐　温かいものは温かく、冷たいものは冷たく提供する方法の設定

避難所等への弁当等の提供において、食品衛生の観点から、保管温度には注意が必要となるが、避難者の食欲増進や、心の癒しのためにも、食べる際に、温かく食べることができるよう電子レンジや冷蔵庫等の配置を事前に検討しておく。【市町村】

☐　要配慮者に対応した弁当の提供

災害時に避難所へ、摂食・嚥下が困難な高齢者や食物アレルギーをもつ方、疾病による食事制限がある方等、要配慮者への弁当提供をどうするのか、事前に協議し対策を講じておく。【市町村】

災害時に提供する弁当の献立表をもとに、管理栄養士又は栄養士が要配慮者へ対応した献立の修正や、代替え献立の提案等、助言できる体制を整備しておく。【市町村・保健所】

☐　弁当提供担当としての管理栄養士又は栄養士の配置計画

提供する弁当について、適切な栄養量の確保や、高齢者や食物アレルギー等の要配慮者への対応、食中毒及び感染症予防のための衛生管理といった観点から、弁当の内容や提供方法に関し、専門職である管理栄養士又は栄養士を担当として配置し、関係課と連携のもと必要な調整を行う体制を整備しておく。【市町村】

11　食中毒・感染症予防について
□　食中毒・感染症予防に係る対応の役割分担（保健師、食品衛生監視員、管理栄養士等）

　災害時に避難所等で集団生活を行う場合、食中毒や感染症の予防が重要となる。平常時から予防対策の体制について、保健所と協議しておく。【市町村】

　また、避難所で、配給された食事（食品）を衛生的に保管するための場所として、冷房設備のある部屋の確保や大型冷蔵庫の設置について事前に整備しておく。【市町村】

（災害時の予防対策例）

□　トイレ、手洗い設備、消毒液等衛生物品の現状把握

□　手洗い、消毒、マスク着用の普及啓発

□　有症状者の把握と対応

□　必要な物品の確保（トイレ、手洗い設備、衛生物品）

□　避難所の食事（食品）の衛生的な保管（冷房施設のある部屋、大型冷蔵庫設置）

□　避難所の食事の衛生管理状況の把握と指導

□　炊き出しの衛生管理状況の把握と指導

□　仮説住宅でのイベントにおける衛生指導

□　各種様式の作成

　災害時の食中毒防止の観点から、避難所へ配給される食品の賞味期限または消費期限、容器包装の敗れや外観に異常がないか等、受け入れる際のチェック表を作成しておく。また、避難所で配食を担当するスタッフや、炊き出し等の調理従事者に対する自己衛生チェック表を事前に作成しておく。【市町村・保健所】

（食中毒防止のための様式例）

□　食品配給チェック表

□　避難所衛生管理状況シート

□　自己衛生管理チェックシート（配食者、炊き出し調理従事者）

□　啓発ちらし等の作成

　発災後は、職員の業務が増大し、また啓発資料作成にパソコンやプリンターが使えない等、資料作成が困難になることも想定されるため、平常時に啓発資料等を作成し、すぐに活用できるように準備しておく。【市町村・保健所】

（感染症・食中毒防止のための啓発ちらし例）

□　熱中症予防のための啓発ちらし

□　避難者への食事の取り置き注意の啓発ちらし

□　手洗いの啓発ちらし

□　食品の取扱いに関する啓発ちらし

１２　食環境の整備について
□　管内の店舗マップ等の作成
　災害時に、量販店や飲食店等の開店及び食料提供状況を把握し、必要に応じて、被災者へ情報提供し、自助による適正なエネルギー及び栄養量確保を支援するため、事前に管内の店舗情報を作成しておく。なお、マップを作成することで、他の自治体等からの応援職員でも状況把握を依頼することができる。【市町村・保健所】

□　健康に配慮したメニューを提供する飲食店の整備
　平常時に、適切なエネルギーや栄養量及びバランスを考慮した外食や弁当等のメニューを提供する飲食店等を整備しておくことで、地域住民が何をどれだけ食べたらよいかの知識を得ることができ、災害時においても自己に必要な食事を補給することが期待できる。また、災害時に提供する弁当等をこれらの飲食店等へ依頼することで、適切なエネルギー及び栄養量を確保することができる。【保健所】

１３　受援体制の整備について
１）物　資
□　物資受入れの担当課との連携体制の整備
□　支援物資の仕分け担当として管理栄養士又は栄養士の配置計画
　避難者の適正なエネルギー及び栄養量の確保のため、市町村災害対策本部又は物資・食料調達部門と連携のもと、管理栄養士又は栄養士が、受け入れた支援物資の内容を把握し、栄養的な視点から、支援物資を避難所等へ提供する体制を整備しておく。【市町村】
　また、必要な物資について、市町村災害対策本部又は物資・食料調達部門と連携のもと、協定先や本庁等へ要請する体制を整備しておく。【市町村・保健所】

□　特殊栄養食品ステーションの設置計画（協定）
　避難所で提供する食事が困難な要配慮者には、特殊栄養食品等の食料を確保する。
　なお、確保の要請において、日本栄養士会(JDA-DAT)の協力による特殊栄養ステーション設置の要請をスムーズに実施できるよう、平常時に関係機関と協議し、協定等を締結しておく。【都道府県】

２）人　材

☐　管理栄養士又は栄養士の派遣依頼方法の設定

　災害時の栄養・食生活支援活動について、管理栄養士又は栄養士等の派遣依頼（受援）が必要となった場合の依頼体制や方法について、災害対策本部と連携のもと協議しておく。【市町村・保健所】

（派遣依頼例）

行政管理栄養士（都道府県・政令市）→　管轄の保健所　→　本庁主管課　→　厚生労働省

行政管理栄養士・栄養士（市町村）→　連携協定先の市町村

栄養士会（JDA-DAT 含む）→　管轄の保健所　→　本庁主管課

DHEAT（管理栄養士含む）→　管轄の保健所　→　本庁主管課　→　厚生労働省

☐　受援者への受援内容の計画作成

　災害時の栄養・食生活支援活動について、管理栄養士又は栄養士等の派遣を依頼する場合は、求める受援内容に応じた受援人数の依頼ができるよう、事前に必要となる栄養・食生活支援活動について検討しておく。【市町村・保健所・本庁】

（受援計画例）フェーズ２〜フェーズ３の期間、１市町村あたり

受援業務（何を）	受援人数（どのくらい）		依頼者（誰に）
備蓄食料及び支援物資の栄養量調整（手配）		１名	行政管理栄養士
要配慮者の食品手配（特殊栄養食品ｽﾃｰｼｮﾝ設置）	ｽﾃｰｼｮﾝ数（１）箇所×（２）名	（２）名	栄養士会
提供食の調整支援（炊き出し、弁当等）		２名	行政管理栄養士
避難所の食事調査・評価・支援（要配慮者含む）	避難所数（　）箇所/（５）箇所×（２）名	（　）名	行政管理栄養士又は栄養士会
避難者への巡回栄養相談	避難所数（　）箇所/（５）箇所×（２）名	（　）名	栄養士会又は行政管理栄養士
避難所の食品衛生助言、食品保管状況の確認・指導	避難所数（　）箇所/（５）箇所×（２）名	（　）名	行政管理栄養士又は食品衛生監視員
栄養・食生活支援ｺｰﾃﾞｨﾈｰﾄ（派遣栄養士の活動調整、通常業務の再開計画等）		１〜２名	行政管理栄養士（DHEAT）
特定給食施設等への食事提供支援（保健所）	被災施設数（　）箇所/（３）箇所×（１）名	（　）名	行政管理栄養士

☐　支援者間の連携体制の整備

　災害時の栄養・食生活支援活動について、複数の管理栄養士又は栄養士を同時に受援する場合、それぞれの支援活動状況について、情報共有を図るためのミーティング等の開催を計画しておく。また、多職種の保健活動支援チームとの情報共有のためのミーティングにも参加できるように体制を整備しておく。【市町村】

　また、支援活動の内容等を記載する様式は事前に作成しておき、受援の際に提供できるように整備しておく。【市町村・保健所】

（活動記録、連携のための様式例）

> ☐　栄養・食生活支援実施報告書
> ☐　栄養・食生活相談票（個別）
> ☐　栄養・食生活要配慮者支援状況一覧

☐　災害時の栄養・食生活支援に関する研修の実施と連携

☐　行政管理栄養士の危機管理能力向上のための研修実施

　災害を含めた健康危機管理時では、発災時から被災地及び被災者の状況に合わせた臨機応援な対応が求められる。シュミレーションによる総合的なアセスメント能力向上のための研修や、関係職種や他機関との連携等に必要な調整能力を向上させるための研修、災害時の保健活動（栄養・食生活支援を含む）の根拠としなる法律や概念など基本的知識を学ぶ研修等、継続して実施する。【市町村・保健所・本庁】

☐　関係職種や他機関との連携体制構築のための研修又は訓練の実施

　災害時の栄養・食生活支援活動を効果的かつ効率的に実施するためには、防災担当をはじめとした関係各課や栄養関係団体、食生活改善ボランティア団体、自衛隊、特定給食施設、飲食店等の関係機関と連携しておくことが重要である。平時からそれぞれの機関と会議や研修、訓練を共同で実施する等、連携調整を図っておく。【市町村・保健所・本庁】

Ⅳ　復興期の支援

　　復興期は、住民の避難生活の長期化により、様々な健康問題の発生が予測される。

　　避難所の集約、仮設住宅への移行、復興公営住宅や自宅再建への移行等、復興へと歩みを進めていく各フェーズにおいて、自治体に求められる健康支援も変化していく。避難生活の長期化に伴い、生活の場の移動に伴う健康課題が増加する住民、生活不安や取り残され感が高まる住民、意思決定の出来ない住民、孤立やひきこもりやアルコール依存症等の心のケアの必要な住民等が増加する時期でもある。

　　このような新たな健康課題の発生が予想される復興期における自治体の栄養・食生活支援としては、住民に対する個別・集団の健康支援（生活習慣病の重症化予防や高齢者の生活不活発病や低栄養予防等）とともに、住民が居住する市町村や地域（自治組織やボランティアや関係機関等）と連携した住民の見守り体制や新たなコミュニティづくりに対する支援が求められる。その際、孤立やひきこもり等の住民に対して、郷土料理教室を開催して温かい料理を提供したり、カフェサロンを定期的に開催して気軽に集える場を提供したりする等の「食」を通した地域住民との交流の場を設けることは、住民が地域に溶け込むきっかけとして有効な方法の一つであり、栄養状態の悪い住民に対しては栄養補給をする貴重な場ともなる。

　　また、自治体においては、災害発生後からの健康支援活動の評価を行い、平常時における備えや体制づくりが適切であったかを振り返り、管理栄養士等の専門職の役割や活動の分析も行い、栄養・食生活支援活動の課題を明確にする時期でもある。

　　さらに、これらの課題を踏まえ、今後の災害に備えて栄養・食生活支援活動マニュアル等に反映するとともに、情報交換の場や研修会等を定期的に開催する等、自治体における栄養・食生活支援活動の体制整備を推進することが重要である。

1　栄養・食生活支援が必要な要配慮者に対する健康支援

□　仮設住宅や復興公営住宅入居者等の栄養・食生活状況の把握

　　仮設住宅から復興公営住宅や住宅再建により転居する人が増え、生活の場の移動に伴う健康課題が起こる時期。生活習慣病の悪化や高齢者の生活不活発病や低栄養予防等、栄養・食生活支援が必要な住民を把握し、必要な健康支援を行う必要がある。【保健所、市町村】

□　要配慮者に対する継続的な健康支援の実施

　　新たな生活の場等への移動に伴う将来への不安や長期化した避難生活の影響によるストレス等により、孤立、ひきこもり、アルコール問題などの健康問題も発生する時期でもあり、被災先市町村や関係機関と連携しながら要配慮者に対する継続的な健康支援を実施する必要がある。

　　なお、被災の規模や市町村の状況に応じて、都道府県本庁も体制整備のための支援を行う必要がある。【保健所、市町村】

2 コミュニティの再構築と地域への融合をめざす栄養・食生活支援
□ 新たなまちづくりをめざす支援

仮設住宅や復興公営住宅等から再び移動することに伴う新たな健康問題への対応や、地域の自治組織、ボランティア、関係機関との連携による、地域の融合の促進に向けた支援が必要となる。定期的な住民の栄養調査や栄養相談の実施、心のケアも視点に加えたポピュレーションアプローチの実施（カフェサロンや郷土料理教室の定期的な開催等、地域住民との交流の場の設定等）を通して、栄養状態の悪い住民に対して栄養を補給するとともに、住民が地域に溶け込むきっかけの場を提供する。【保健所、市町村】

□「食」を通した生きがいづくり支援

人にとって「食べる」ことは「生きる」ことであると同時に、「食」はおいしく、楽しく、「生きがい」につながることもある。人は老い、やがて身体のすべての機能が衰え、食べることも困難になっていくが、最期まで「口から食べる幸せ」を実現できる健康支援が望ましい。家にひきこもり、孤立している高齢者等に対しては、市町村や食生活改善推進員等のボランティアや地域の関係機関が連携しながら、本人が求める「生きがい」につながる健康支援を行えることが望ましい。例えば、現在使用されていない農園を開放し、高齢者等を農作業体験に誘い、皆で作った収穫物で温かい家庭料理を作って一緒に食べる。継続して作業を共にすることは、高齢者等の見守りやコミュニティづくりにもつながる。さらに、ある程度の収穫量が確保出来るようになれば、協力飲食店等に納品をして、高齢者等の生活費の一部にすることも可能である。人にとって、「食」は「生きがい」の一つであり、住民が生涯を元気に過ごすための支援として、「食」を通した健康支援は有効な方法の一つである。【市町村】

3 健康支援活動の評価と今後の災害に備えた体制整備
□ 災害発災後からの健康支援活動の評価

災害発生後からの健康支援活動の評価を行い、平常時における備えや体制づくりが適切であったかを振り返り、管理栄養士等の専門職の役割や活動の分析も行い、栄養・食生活支援活動の課題を明確にする。【本庁、保健所、市町村】

□ 地域防災計画及びマニュアル等の栄養・食生活支援活動の体制整備

被災自治体としての栄養・食生活支援活動の課題を分析し、必要な対策を地域防災計画や栄養・食生活支援活動マニュアル等へ反映するとともに、情報交換の場や研修会等を定期的に開催する等、今後の災害に備えて自治体における栄養・食生活支援活動の体制整備を推進する。【本庁、保健所、市町村】

TOPIC

「食」を通した地域住民との交流の場（公益社団法人日本栄養士会）

　復興期は、新たな生活の場や将来への不安、長期化した避難生活の影響によるストレス等により、孤立やひきこもり、生活習慣病の重症化、高齢者の生活不活発病や低栄養等、栄養・食生活支援が必要な健康問題も発生する時期でもある。

　そのような中、日本栄養士会は、東北被災地で高齢者の健康づくりと子ども達の食育推進を図ることを目的に、「ほっこり・ふれあい食事プロジェクト」を実施した。

大規模災害時の
栄養・食生活支援活動ガイドライン
～ その時、自治体職員は何をするか ～
災害時使えるアクションカード（例）付き

定価　本体 2,000 円（税別）
令和 2 年 8 月　発行

編著者：　久保　彰子
発行者：　松谷　有希雄
発行所：　一般財団法人 日本公衆衛生協会
　　　　　〒160-0022　東京都新宿区新宿 1 丁目 29 番 8 号
　　　　　TEL（03）3352-4281（代）　　FAX（03）3352-4605
　　　　　http://www.jpha.or.jp/